DaF-Reihe

Das geht auf keine Kuhhaut

Was bedeutet das?

Redensarten mit Erklärungen

gesammelt und erklärt

von

Heinz Griesbach

Autor:

Dr. Heinz Griesbach aus Berlin
Dolmetscherexamen in Türkisch und Englisch
Studium (Frankfurt, Bonn): vergleichende Sprachwissenschaften, Islamwissenschaften (ara-bische Philosophen, osmanisch-türkische Geschichtsschreiber, persische Literatur), Semitistik (Hebräisch, Syrisch-Aramäisch, Ge'ez), Religionswissenschaften (Lamaismus, Hinduismus, tibetische und mongolische Schriften), Ethnologie (Ostafrika, Polynesien, Australien)
Tätigkeiten:
17 Jahre Institutsleiter im Goethe-Institut, 6 Jahre Mitglied im Fachausschuß für Unterrichtsmethodik und Didaktik, freier Fachschriftsteller
Arbeiten:
Unterrichtsdidaktik für DaF; mehrere Grammatiken für DaF, eine Reihe von Deutschlehrwerken (für bestimmte Ausgangssprachen); Nachschlagewerke
Entwicklung von Sprachlehrwerken für die Arbeit am PC „Deutsch Soft“ und vom „Deutsch-Kompendium“, einer umfassenden Hypertext-Bibliothek für Forschung und Lehre und zur Weiterbildung in 10 Bänden.

Anschrift
Weberstraße 39
D - 83457 Bayerisch Gmain
Germany

Tel./Fax +49(0)8651 / 2586
eMail: griesbach@t-online.de
Internet: http://pub.hrm.at/griesbach.daf
http://www.griesbach-daf.de

Herstellung: Libri Books on Demand
ISBN 3-89811-501-1

VORWORT

Die deutsche Sprache umfaßt eine große Zahl vielbenutzter Redensarten, die einen wesentlichen Teil der Alltagssprache ausmachen. Sie tauchen in vielen Gesprächen auf, gleichgültig, auf welcher Gesprächsebene oder über welches Thema ein Gespräch geführt wird. Man findet idiomatische Redensarten in Zeitungsberichten, -kommentaren und -glossen, ebenso in persönlichen Briefen. Nur in Texten, die reiner Sachinformation dienen, fehlen solche Redensarten.

Jeder, der die deutsche Sprache lernt, sollte sich mit diesen Redensarten vertraut machen, aber auch für den Deutschen, der sich für seine Sprache interessiert, ist die Kenntnis der Anwendungsmöglichkeiten der fest-stehenden Redewendungen wichtig. Die vorliegende Sammlung nützt also beiden Benutzerkreisen.

Diese Sammlung zeigt die gebräuchlichsten und bildkräftigsten Redensarten der deutschen Sprache, und zwar, in alphabetischer Reihenfolge, nach Stichwörtern geordnet.

Den fettgedruckten Redensarten folgt eine Erläuterung und dann - in Kursivschrift - ein Beispielsatz, der die Anwendung der betreffenden Redewendung zeigt.

Redensarten, die - eine ausgeglichene Stimmungslage der Gesprächspartner vorausgesetzt - der Ange-redete als unangemessen oder störend empfinden muß, sind besonders gekennzeichnet: So bezeichnet „starker Ausdruck" eine Ausdrucksweise, die in einem emotionell geführten Gespräch auftreten kann und „derber Ausdruck" eine Äußerung die Erregung oder gar Wut des Sprechers signalisiert.

Anmerkung für die Benutzer des eBook
Sie können mit dem Suchprogramm Ihres Computers jedes Stichwort sofort finden, wenn Sie vor dem Suchwort einen Punkt (.) setzen; z.B. .Hund

.A - das A und 0
Der Anfang und das Ende (0 ist der letzte Buchstabe des griechischen Alphabets); das Wichtigste, das Wesentliche:
Gegenseitiges Vertrauen ist das A und 0 einer Freundschaft.
- von A bis Z
Vom Anfang bis zum Ende (des Alphabets):
Er hat mir seine Geschichte von A bis Z erzählt.
- wer A sagt, muß auch B sagen
wer den ersten Schritt tut, muß auch den zweiten tun; wer etwas angefangen hat, muß es auch fortsetzen:
Du hast ihm mit einem Prozeß gedroht. Jetzt mußt du es aber auch tun, denn wer A sagt, muß auch B sagen.

.ABEND - es ist noch nicht aller Tage Abend
es ist noch nicht alles verloren (gewonnen), es kann sich noch manches ändern:
Im Augenblick sieht es um deinen Prozeß schlecht aus, aber es ist ja noch nicht aller Tage Abend. Du kannst ihn immer noch gewinnen.

.ABSTECHER - einen Abstecher machen
eine kurze Reise nach einem Ort machen, der nicht auf der Reiseroute liegt:
Auf unserer Fahrt nach Italien machten wir auch einen Abstecher in die Schweiz.

.ACH - mit Ach und Krach
nur mit großer Mühe, gerade noch, mit knapper Not:
Er hat mit Ach und Krach die Prüfung bestanden.

.ADER - jn zur Ader lassen
jm Geld abnehmen:
Wir haben uns über die Kosten unserer Urlaubsreise sehr getäuscht. Man hat uns unterwegs kräftig zur Ader gelassen. Die Preise waren teileise unverschämt.
- eine leichte Ader haben
leichtsinnig sein:
Es wundert mich gar nicht, daß der junge Mann auf Abwege geraten ist; er hatte schon immer eine leichte Ader.

.ANGEL - die Welt aus den Angeln heben
die Welt grundlegend ändern (Angel = Türhaken):
Junge Leute glauben immer, mit ihren Ideen die Welt aus den Angeln heben zu können

.ANKOMMEN - es kommt mir darauf an
es ist mir besonders wichtig:
Es kommt mir nicht darauf an, wie lange du an dieser Sache arbeitest; es kommt mir nur darauf an, daß die Arbeit am Ende gut ist.
- es darauf ankommen lassen
gewisse Schwierigkeiten sehen, aber eine Sache trotzdem wagen:
Ich fürchte, daß nicht alle im Vorstands mit meinen Ausführungen einverstanden sein werden, aber ich lasse es trotzdem darauf ankommen.

.APFEL - in den sauren Apfel beißen
etwas tun, obgleich es einem schwerfällt:
Meine Tochter wünscht sich einen eigenen Wagen. Ich glaube, ich muß wohl in den sauren Apfel beißen und ihr einen kaufen

.APRIL - jn in den April schicken
jn zum Narren halten, indem man ihm etwas sagt, was wohl sein könnte, im Augenblick aber nicht stimmt (Volksbrauch am 1. April):
Ihr braucht euch keine Mühe zu geben. Mich könnt ihr nicht April schicken.

.ARM - mit offenen Armen aufnehmen oder **empfangen**
freudig willkommen heißen:
Bei meinen Besuchen im Ausland hat man mich überall mir offenen Armen aufgenommen.
- jm unter die Arme greifen
jm helfen; jn unterstützen:
Er hat seinem Freund finanziell unter die Arme gegriffen.
- jn auf den Arm nehmen
sich über jn lustig machen:
Er ist ein Spaßvogel, der alle Leute gern auf den Arm nimmt.

.ÄRMEL - etwas aus dem Ärmel schütteln
etwas sofort ohne Schwierigkeit herbeischaffen oder tun können:
Wo soll ich denn das viele Geld hernehmen? Ich kann es mir doch nicht aus dem Ärmel schütteln.

.ARMUTSZEUGNIS - sich ein Armutszeugnis ausstellen
seine (geistige) Armut beweisen, sich eine Blöße geben:
Sie werden sich doch kein solches Armutszeugnis ausstellen und behaupten, daß Sie das alles nicht gewußt haben.

.ATEM - jn in Atem halten
jn nicht zur Ruhe kommen lassen:
Lebhafte Kinder halten ihre Mutter oft den ganzen Tag in Atem.

.AUGE - mit einem blauen Auge davonkommen
eine Gefahr glimpflich überstehen:
Der Kaufmann ist bei dem Konkurs seiner Firma noch mit einem blauen Auge davongekommen.
- ein Auge zudrücken
besonders milde urteilen, nachsichtig sein:
Deine Arbeit war nicht besonders gut; hätte der Professor nicht ein Auge zugedrückt, so hättest du die Prüfung nicht bestanden.
- große Augen machen
staunen:
Als ich ihm von meinem Erfolg erzählte, machte er große Augen. Er hatte mir das nicht zugetraut.
- mit offenen Augen ins Unglück rennen
Siehe .OFFEN.
- jm die Augen öffnen
Siehe .ÖFFNEN

.BAD - das Kind mit dem Bade ausschütten
mit dem Wertlosen auch das Wertvolle verwerfen:
Ich gebe zu, daß man in der Politik nicht immer allen recht machen kann; deswegen sollte man das Kind nicht mit dem Bade ausschütten und auch das Positive anerkennen..
.BANK - etwas auf die lange Bank schieben
etwas lange hinauszögern:
Bitte, schieben Sie den Auftrag nicht auf die lange Bank! Wir brauchen das Material dringend.
- durch die Bank
alle ohne Ausnahme; durchweg:
Ich habe die Bücher über dieses Thema alle durchgelesen; sie sind durch die Bank unbrauchbar.

.BAR - etwas für bare Münze nehmen
etwas, was im Scherz oder nur aus Höflichkeit gesagt worden ist, für Ernst nehmen; etwas leichtfertig glauben, was man hört:
Wenn jemand zu uns sagt: „Bitte, betrachten Sie mein Haus als das Ihre", so ist das zwar sehr freundlich gemeint, doch dürfen wir es nicht für bare Münze nehmen.

.BÄR - jm einen Bären aufbinden
jn etwas glauben machen, jm etwas Unglaubwürdiges erzählen:
Er erzählte uns, er habe im Lotto gewonnen; aber das glaube ich nicht; er will uns damit nur einen Bären aufbinden.

.BART - jm um den Bart gehen
jm schmeicheln, jm schöntun:
Meine Tochter ging mir so lange um den Bart, bis ich ihr schließlich den Disc-Player kaufte.
- einen Bart haben
längst bekannt sein, veraltet sein:
Das ist ein uralter Witz; der hat ja schon einen Bart.
- der Bart ist ab (starker Ausdruck)
es ist nichts mehr zu machen:
Wenn dieser Versuch nicht gelingt, dann ist der Bart ab, und alle Mühe war vergebens.

.BAUM - er sieht den Wald vor lauter Bäumen nicht
er sieht viele Einzelheiten, aber nicht das Wichtigste/Wesentlichste:
Was suchst du denn da herum? Du siehst wohl den Wald vor lauter Bäumen nicht! Die Zeitung liegt doch auf dem Schreibtisch!

.BAUSCH - in Bausch und Bogen
allesamt, im ganzen:
Er verurteilt die Leute in Bausch und Bogen.
.BEIN - mit beiden Beinen im Leben stehen
fest im Leben stehen, praktisch und realistisch denken und handeln:
Meinen Freund steht mir beiden Beinen im Leben. Er wird sich in allen Situationen zurechtfinden..
- mit einem Bein oder **Fuß im Grabe stehen**
schwer krank sein; es besteht wenig Hoffnung auf Genesung:
Ich war so krank, daß ich schon mit einem Bein im Grabe stand.
- mit einem Bein oder **Fuß im Gefängnis stehen**
etwas tun, was gegen das Gesetz verstößt:
Wer heute Auto fährt, der steht fast immer mit einem Bein im Gefängnis.

- sich (k)ein Bein ausreißen
sich (nicht) sehr anstrengen:
Bei der Arbeit hat er sich noch nie ein Bein ausgerissen.
- jm Beine machen
jn antreiben, jn fortjagen:
Wenn ihr nicht schneller arbeitet, werde ich euch Beine machen.
- sich auf die Beine machen
(weg)gehen:
Es ist schon spät. wir müssen uns jetzt auf die Beine machen und nach Hause gehen.
- sich die Beine in den Leib stehen
Siehe .STEHEN.

.BEISSEN - ins Gras beißen
sterben:
Um den alten Mann steht es schlecht; er wird wohl bald ins Gras beißen

.BERG - über alle Berge sein
nicht mehr zu erreichen sein:
Als man den Betrug bemerkte, war der Betrüger schon längst über alle Berge.
- über den Berg sein
das Schlimmste überstanden haben:
Der Aufbau meines Geschäfts war nicht einfach, aber jetzt bin ich über den Berg.
- hinterm Berg halten
seine Meinung nicht sagen:
Unser Chef war sehr ärgerlich, und er hielt mit seiner Meinung nicht hinterm Berg.
- jm stehen die Haare zu Berge
jm sträuben sich die Haare (vor Schreck, Entsetzen, Furcht):
Erzähle doch nicht solche Schauergeschichten! Da stehen einem ja die Haare zu Berge.
- goldene Berge versprechen
etwas versprechen, was man nicht halten kann:
Vor der Ehe hatte er ihr goldene Berge versprochen, aber jetzt kümmert er nicht um sie.

.BEST - jn zum besten halten oder haben
jn verspotten:
Glaube doch nicht, was er dir erzählt! Er will dich nur zum besten halten.
- der erste beste
ein beliebiger, irgendeiner:
Diese Aufgabe ist sehr wichtig. Man kann sie nicht dem ersten besten übertragen.

.BIEGEN - auf Biegen oder Brechen
rücksichtslos, mit großer Entschlossenheit:
Die Regierung versucht, das Gesetz noch vor den Wahlen auf Biegen oder Brechen im Parlament durchzubringen.

.BIER - etwas wie sauer Bier anbieten
eine schwer verkäufliche Ware sehr anpreisen:
Vor einem Jahr hat man diese Aktien wie sauer Bier angeboten, und heute kann man keine einzige mehr davon bekommen.

.BILD - im Bilde sein
genau Bescheid wissen:
Du brauchst mir von der Affäre nichts mehr zu erzählen; ich bin völlig im Bilde.

.BILDFLÄCHE - auf der Bildfläche erscheinen
kommen, sichtbar werden (Gegenteil: von der Bildfläche verschwinden):
Die Party war bereits im vollen Gang, als Hans plötzlich auf der Bildfläche erschien.

.BINDEN - jm etwas auf die Seele binden
jn dringend ermahnen, jn dringend bitten:
Wie oft habe ich dir auf die Seele gebunden, deinen Kindern zu helfen, und jetzt sind sie immer noch mit ihren Problemen allein gelassen.
- jm etwas auf die Nase binden
jm etwas erzählen, was dieser nicht zu wissen braucht:.
Ich habe dir im Vertrauen erzählt, daß ich mich verlobt habe, und du mußt es allen Kollegen gleich auf die Nase binden.

.BISSEN - mir blieb der Bissen im Hals oder **Mund stecken**
ich war sehr erschrocken oder aufgeregt:
Als ich heute beim Frühstück in der Zeitung die Todesanzeige las, blieb mir vor Schreck der Bissen im Hals (oder: Mund) stecken.
.BLASEN - Trübsal blasen
traurig und niedergeschlagen sein:
Nach seinem Mißerfolg saß er zu Hause und blies Trübsal.
- von Tuten und Blasen keine Ahnung haben
von einer Sache nichts verstehen:
Wie kann man diese Aufgabe doch nicht einem Mann übertragen, der von Tuten und Blasen keine Ahnung hat.
- jm den Marsch blasen
jm energisch die Meinung sagen, jn gehörig zurechtweisen:
Nun hat er sein Zimmer wieder nicht aufgeräumt! Wenn er heute abend zurückkommt, werde ich ihm aber den Marsch blasen.

.BLATT - kein Blatt vor den Mund nehmen
seine Meinung offen und schonungslos sagen:
Ich werde dir sagen, was ich von deinem Freund denke; du nimmst es mir doch hoffentlich nicht übel, wenn ich kein Blatt vor dem Mund nehme.

.BLAU - blauer Montag
der Montag, an dem man der Arbeit fernbleibt:
Das Wetter war gestern noch zu schön. so habe ich einen blauen Montag gemacht und bin nicht zur Arbeit gegangen.
- blau machen
nicht arbeiten:
Nach dem langen Wochenende machten viele Arbeiter am nächsten Tag blau.
- jm blauen Dunst vormachen
jn täuschen:
Was er sagt, darfst du nicht alles glauben. Er macht einem immer blauen Dunst vor.

- blau sein
betrunken sein:
Er kam heute nacht völlig blau vom Faschingsball nach Hause.

.BLITZ - wie ein Blitz aus heiterem Himmel
völlig unerwartet:
Die Nachricht von der schweren Krankheit seines Freundes traf ihn wie ein Blitz aus heiterem Himmel.
- wie der Blitz oder **wie ein geölter Blitz**
sehr schnell:
Was, jetzt sind Sie schon mit der Arbeit fertig? Das ging ja wie ein geölter Blitz!

.BLUME - etwas durch die Blume sagen
etwas nicht direkt aussprechen, sondern nur andeuten (Gegenteil: unverblümt = offen, unverhohlen):
Er sagte (es) mir nur durch die Blume, daß er in Geldnot sei und ich ihm helfen sollte.

.BLUT - böses Blut machen
Unfrieden sein und Streit verursachen:
Die Ernennung von Adolf Schmidt zum Minister machte viel böses Blut unter der den Parteigenossen.
- Blut (und Wasser) schwitzen
große Angst haben:
Während des Examens habe ich Blut (und Wasser) geschwitzt, weil ich mich nicht genügend vorbereitet hatte.

.BOCK - den Bock zum Gärtner machen
jm Vertrauen schenken, der es nicht verdient und es mißbraucht; einem Ungeeigneten eine Aufgabe übertragen:
Als man diesem Betrüger die Kassenführung übergab, hatte man den Bock zum Gärtner gemacht.
- einen Bock schießen
einen groben Fehler machen:
Er gab zu, einen Bock geschossen zu haben, aber er versprach, seinen Fehler wiedergutzumachen.
- er ist bockig
er ist trotzig:
Der kleine Sohn meines Freundes war bockig und wollte uns nicht die Hand geben.

.BOCKSHORN - jn ins Bockshorn jagen
jn verblüffen, jn erschrecken:
Wenn man Erfolg haben will, darf man sich nicht von Kleinigkeiten ins Bockshorn jagen lassen.

.BODEN - der Boden brennt mir unter den Füßen
Siehe .BRENNEN.

.BOGEN - er hat den Bogen (he)raus
er versteht die Sache gut; er versteht, worauf es ankommt, was das Wesentliche ist:
Ich habe lange versucht, eine Torte zu backen; aber jetzt habe ich den Bogen 'raus.
- große Bogen spucken
angeben:
Dein Freund spuckt immer große Bogen, wenn er mit seinen Freunden zusammen ist..

.BOHNENSTROH - dumm wie Bohnenstroh
außerordentlich dumm:

Der Junge ist dumm wie Bohnenstroh.

.BOMBE - wie eine Bombe einschlagen
sehr große Überraschung hervorrufen:
Die Nachricht von dem Regierungswechsel schlug wie eine Bombe ein.

.BORD - etwas über Bord werfen
sich einer Sache entledigen, eine Sache vollständig aufgeben (Bord = oberster Schiffsrand):
Werfen Sie all' ihre Sorgen über Bord und verleben Sie eine schöne Zeit in unserem schönen Ferienort.

.BRATEN - den Braten riechen
eine Gefahr rechtzeitig bemerken:
Die Polizei fahndete nach dem Betrüger. Der aber roch den Braten und ist abgehauen.

.BRECHEN - einen Streit vom Zaune brechen
ohne Grund einen Streit anfangen:
Kaum war Peter wieder zu Hause, da brach er wieder einen Streit vom Zaune.
- brechend voll
voller Menschen:
Während des Schlußverkaufs waren die Geschäfte brechend voll.

.BREITSCHLAGEN - sich breitschlagen lassen
sich überreden lassen:
Eigentlich wollte ich nach Hause gehen, aber ich habe mich breitschlagen lassen und bin mit den Kollegen in die Kneipe mitgegangen.

.BRENNEN - auf etwas brennen
sich heiß nach etwas sehnen:
Zehn Jahre ist unser Sohn schon in Brasilien, nun brennen wir darauf, ihn endlich wiederzusehen.
- der Boden brennt mir unter den Füßen
ich bin sehr unruhig, denn die Lage wird mir zu gefährlich:
Dem Einbrecher brannte der Boden unter den Füßen; ruhelos ging er von einem Ort in den anderen.
- die Arbeit brennt mir auf den Nägeln
ich habe sehr viel dringende Arbeit (Nägel =Fingernägel):
Morgen muß ich verreisen, und dabei brennt mir hier zu Hause die Arbeit auf den Nägeln.

.BRETT - ein Brett vorm Kopf haben
das Einfachste nicht erkennen, beschränkt sein:
Ich konnte bei der Prüfung nicht die einfachsten Fragen beantworten; es war, als ob ich ein Brett vor dem Kopf gehabt hätte. -
Dieser Kerl hat ein Brett vor dem Kopf; er ist nicht imstande, in größeren Zusammenhängen zu denken.
- bei jm einen Stein im Brett haben
js Sympathien haben (Hier Brett = Schachbrett):
Klaus ist zuvorkommend und höflich und hat bei allen einen Stein im Brett.

.BROTKORB - jm den Brotkorb höher hängen
jm Einschränkungen auferlegen, jn knapper halten:
Wenn du weiter so viel Geld ausgibst, hänge ich dir den Brotkorb höher.

.BROTLOS - brotlose Kunst

etwas, womit man nichts verdienen kann:
Er wollte Kunstgeschichte studieren, aber sein Vater hielt das für eine brotlose Kunst.

.BRÜCKE - jm goldene Brücken bauen
jm großzügig helfen:
Man hat ihm goldene Brücken gebaut und ihm alle Wege geebnet; trotzdem verstand er es nicht, sich in der Firma durchzusetzen.
- alle Brücken hinter sich abbrechen
alle Verbindungen aufgeben:
In der Heimat brach er alle Brücken hinter sich ab und wanderte nach Amerika aus.

.BUCH - ein Buch mit sieben Siegeln
ein großes Rätsel, etwas völlig Unverständliches:
Höhere Mathematik ist für mich ein Buch mit sieben Siegeln.
- wie es (er, sie) im Buche steht
wie man es (ihn, sie) sich vorstellt, vorbildlich, vollendet:
Sie ist eine Hausfrau, wie sie im Buche steht. Ihr Haushalt ist in bester Ordnung und kochen und backen kann sie vorzüglich.

.BUNT - das ist oder **wird mir zu bunt**
das ist mir zu viel, zu arg:
Lange hat er sich die Frechheiten des Jungen gefallen lassen; schließlich wurde es ihm aber doch zu bunt und gab ihm eine Ohrfeige.

.BUSCH - auf den Busch klopfen oder **schlagen**
durch vorsichtiges Fragen oder versteckte Anspielungen etwas zu erfahren suchen:
Ob Fritz eine neue Freundin hat? - Das weiß ich nicht. Du mußt bei ihm einmal auf den Busch klopfen.

.BUTTERBROT - für ein Butterbrot und Ei
für sehr wenig Geld, sehr billig:
Diesen Tisch habe ich für ein Butterbrot und Ei auf einer Versteigerung erstanden.

.DACH - die Spatzen pfeifen es von allen Dächern
es ist allgemein bekannt:
Wie, du weißt nicht, daß Norbert seiner Frau untreu ist? Die Spatzen pfeifen es ja schon von allen Dächern.
- jm aufs Dach steigen (starker Ausdruck)
mit jm schimpfen:
Wenn du nicht sauberer arbeitest, wird dir der Boß aufs Dach steigen.

.DAMM - auf dem Damm sein
gesund und munter sein:
Im letzten Jahr war Hans lange krank, aber jetzt ist er wieder auf dem Damm

.DAMPF - Dampf hinter etwas machen
etwas beschleunigen, etwas vorantreiben:
Die Arbeit muß heute noch fertig werden; wir müssen etwas Dampf dahinter machen.

.DAUMEN - jm den Daumen halten oder **drücken**
an jn denken, der in einer schwierigen Lage ist, und ihm Glück wünschen:
Wir werden dir zu deinem Examen alle Daumen halten.

- über den Daumen schätzen oder **peilen**
ungefähr abschätzen
Wie groß war denn der Umsatz im letzten Jahr? - Über den Daumen gepeilt etwa fünf Millionen Mark.
- Daumen / Däumchen drehen
nichts tun, sich langweilen:
Der Arzt hat mir geraten, noch eine Woche zu Hause zu bleiben; aber ich bin dennoch wieder zur Arbeit gegangen, ich kann doch schließlich nicht den ganzen Tag zu Hause sitzen und Däumchen drehen.

.DECKE - unter einer Decke stecken
gemeinsame Sache machen:
Es ist klar, daß der Zeuge nichts aussagen wird, denn er steckt mit dem Angeklagten unter einer Decke.
- sich nach der Decke strecken
sich den Verhältnissen anpassen; aus dem, was man hat, das Beste machen:
Die Frau lebt bescheiden, sie versteht es, sich nach der Decke zu strecken.

.DEUTSCH - auf gut deutsch
1. so, daß es jeder versteht:
Inflation ist auf gut deutsch eine Geldentwertung.
2. ohne Umschweife:
Nun erzähle mir nicht so viel von deinen Sorgen, auf gut deutsch, du willst, daß ich dir Geld leihe.
- mit jm deutsch reden
deutlich, offen, rückhaltlos reden; ermahnen:
Ihr Junge weiß wirklich nicht, was sich gehört. Ich werde mal deutsch mit ihm reden.

.DING - nicht mit rechten Dingen zugehen
1. gegen das Naturgesetz sein:
Um 12 Uhr Mitternacht stand plötzlich die Uhr still und ein Bild fiel von der Wand. So etwas kann doch nicht mit rechten Dingen zugehen.
2. eine unrechte Handlung geschieht:
Vom Fenster aus beobachtete ich, wie sich in der Dunkelheit eine Gestalt hin und her bewegte. Ich dachte mir, da geht doch etwas nicht mit rechten Dingen zu, und verständigte die Polizei.

.DORN - jm ein Dorn im Auge sein
jm unangenehm, verhaßt sein:
Der geschäftliche Erfolg seines Kollegen war ihm schon lange ein Dorn im Auge.

.DRAHT - auf Draht sein
eine schnelle Reaktionsfähigkeit besitzen, jeder Situation gewachsen sein, leistungsfähig sein:
Der Mann ist auf Draht; man kann ihm ruhig diese wichtigen Aufgaben anvertrauen.

.DREI - nicht bis drei zählen können
sehr dumm sein, sehr schüchtern sein:
Der Junge sieht aus, als ob er nicht bis drei zählen könnte.

.DREIZEHN - nun schlägt's dreizehn (starker Ausdruck)
nun ist meine Geduld zu Ende:
Nun schlägt's dreizehn! Wo ist denn meine Brille schon wieder?

.DRÜCKEN - er weiß, wo mich der Schuh drückt
er weiß, woran es mir fehlt:
Du siehst so niedergeschlagen aus; willst du mir nicht sagen, wo dich der Schuh drückt?
- sich drücken
einer Sache aus dem Wege gehen:
Er drückt sich von jeder Arbeit und lungert auf der Straße herum. -
Die kommende Wahl wird die Zukunft unseres Volkes bestimmen. Niemand darf sich von dieser wichtigen Entscheidung drücken!
- jn an die Wand drücken
jn rücksichtslos übergehen und dadurch benachteiligen:
Schon seit langem war ihm diese Stelle versprochen; nun bekommt sie ein anderer Er hat völlig recht, wenn er sich beschwert und sich nicht an die Wand drücken läßt.

.DUMM - jn für dumm verkaufen
jn für dumm halten:
Er hat behauptet, daß er an dem Geschäft nichts verdient hat; ich lasse mich von ihm doch nicht für dumm verkaufen.
- der Dumme sein
der Benachteiligte sein:
Wenn ich die Produktionspläne finanziere, und die Ware nachher keinen Absatz findet, bin ich der Dumme.

.DUNKEL - im dunkeln tappen
nichts Genaues wissen:
Hans will seinen Job aufgeben. Über seine Gründe tappe ich noch völlig im dunkeln.
- jn im dunkeln lassen
jn in Ungewißheit oder im unklaren lassen:
Ich weiß wirklich nicht, was er vorhat. Er läßt uns über seine Pläne völlig im dunkeln.
- dunkle Geschäfte
unehrliche Geschäfte:
Der Mann soll seinen Reichtum durch dunkle Geschäfte erworben haben.
- der dunkle Punkt
ein unangenehmes Ereignis, von dem man nicht gern spricht:
Kein Mensch wird zugeben, daß es in seiner Vergangenheit einen dunklen Punkt gibt.

.EHRE - mit etwas Ehre einlegen
etwas so gut machen, daß es gelobt wird:
Mit dieser Arbeit kannst du keine Ehre einlegen, du hast zu viele Fehler gemacht.
- jm die letzte Ehre erweisen
an js Begräbnis teilnehmen:
Ein langer Zug folgte dem Sarg, alle Verwandten, Freunde und Bekannten erwiesen ihm die letzte Ehre erweisen.
.EI - wie ein rohes Ei behandeln
mit großer Vorsicht behandeln:

Er ist sehr empfindlich. Man muß ihn immer wie ein rohes Ei behandeln, sonst ist er gleich beleidigt.

- wie aus dem Ei gepellt oder **geschält**

gepflegt, gut und sorgfältig gekleidet:

Die Kinder unserer Nachbarin sehen immer aus wie aus dem Ei gepellt.

.EINBROCKEN - sich etwas Schönes oder **eine schöne Suppe einbrocken**

etwas tun, was unangenehme Folgen hat:

Durch seinen Leichtsinn hat er sich und uns etwas Schönes (oder *eine schöne Suppe) eingebrockt.*

.EINLEGEN - ein gutes Wort für jn einlegen

Fürbitte für jn tun; für js Interessen sprechen

Nur wegen einer kleinen Verfehlung will der Chef den Lehrling entlassen. Können Sie nicht ein gutes Wort für ihn einlegen?

.EINPACKEN - mit etwas einpacken können

mit etwas nicht konkurrieren können

Er weiß viel mehr als wir; mit unseren Kenntnissen können wir da einpacken.

.EINTRICHTERN - jm etwas eintrichtern

1. jn etwas mit großer Mühe lehren:

Vieles von dem, was man den Kindern eintrichtert, brauchen sie im Leben nicht.

2. jm etwas (zu essen oder zu trinken) aufnötigen:

Bei der Feier haben mir meine Kollegen so viel Wein und Schnaps eingetrichtert, daß mir ganz übel wurde.

.EIS - das Eis ist gebrochen

die Hemmungen sind überwunden:

Bei der Party ging es zuerst recht steif zu; aber bald war das Eis gebrochen, und die Leute unterhielten sich ganz zwanglos und lebhaft.

- auf Eis legen

ruhen lassen, für den Augenblick aufgeben:

Wenn die Wirtschaftskrise weiter anhält, müssen wir unsere Pläne vorerst auf Eis legen.

.EISEN - ein heißes Eisen

eine heikle Sache:

Ich möchte nichts mit Politik zu tun haben; denn Politik ist immer ein heißes Eisen.

- jn zum alten Eisen werfen

jn als verbraucht und veraltet ansehen:

Der alte Herr wollte nach seiner Pensionierung noch nicht zum alten Eisen geworfen werden und arbeitete in dem Geschäft seines Sohnes weiter.

- mehrere Eisen im Feuer haben

sich nach mehreren Seiten absichern:

Wenn ich bei dieser Firma keine Stellung finde, ist das nicht so schlimm; ich habe mehrere Eisen im Feuer.

.ELEFANT - er benimmt sich wie ein Elefant im Porzellanladen
Siehe .PORZELLANLADEN.

.ELEMENT - in seinem Element sein
sich wohl fühlen, sich sicher fühlen (wie z.B. der Fisch im Wasser):
Als man auf die Technik zu sprechen kam, fühlte sich der Ingenieur in seinem Element.

.ELTERN - nicht von schlechten Eltern sein
kräftig, wirkungsvoll sein:
Die Ohrfeige, die er dem Jungen gab, war nicht von schlechten Eltern.

.ENDE - mit seinem .Latein oder seiner .Weisheit am Ende sein
nicht mehr weiter wissen:
Sein Hausarzt hatte ihm geraten, einen Facharzt aufzusuchen; er selber sei mit seinem Latein am Ende.
- das Ende vom Lied
der (unangenehme) Ausgang einer Sache:
Zu Beginn meines Urlaubs Reise habe ich zu viel Geld ausgegeben; das Ende vom Lied war, daß ich früher heimfahren mußte.
- das dicke Ende kommt noch
das Unangenehme kommt zum Schluß:
Der Aufenthalt in diesem Hotel war sehr angenehm gewesen. Aber das dicke Ende kam noch: die Rechnung war bedeutend höher, als ich erwartet hatte.

.ENG - einen engen Horizont haben
keinen Weitblick haben, wenig wissen, sich für wenige Dinge interessieren:
Man kann sich mit dem Mann nur über Alltägliches unterhalten; er hat einen engen Horizont.

.ENGE - jn in die Enge treiben
jm jede Möglichkeit zu entrinnen nehmen:
Durch seine geschickten Fragen trieb der Richter den Angeklagten so in die Enge, daß dieser schließlich seine Schuld zugeben mußte.

.ENGEL - der rettende Engel
der Retter:
Ich war mit meinem Geld völlig am Ende, als der Briefträger als rettender Engel kam und mir eine Geldüberweisung von meiner Mutter brachte.
- die Engel im Himmel singen hören
sehr große Schmerzen haben:
Ich hatte derartige Zahnschmerzen, daß ich die Engel im Himmel singen hörte.

.ENTGEGENKOMMEN - jm auf halbem Wege entgegen kommen
(bei einem Streit) nachgeben, zur Verständigung bereit sein:
Wenn einer dem andern auf halbem Wege entgegenkäme, könnte der Zwist bald beigelegt sein.

.ENTPUPPEN - sich entpuppen
sich anders als erwartet herausstellen:
Dieses anfangs so schüchterne Mädchen entpuppte sich als eine gute Unterhalterin.

.ERBEN - es ist nichts zu erben
1. es ist nichts zu holen:
Mein Freund hat kein Geld; bei ihm ist nichts zu erben.
2. es ist nichts zu gewinnen:
Bei diesem Geschäft ist nicht viel zu erben.

.ERDBODEN - dem Erdboden gleichmachen
vollständig zerstören:
Durch das Erdbeben wurden ganze Dörfer dem Erdboden gleichgemacht.

.ERDE - jn unter die Erde bringen
am Tod eines Menschen schuld sein:
Die Sorge um seine Familie hat ihn frühzeitig unter die Erde gebracht.

.ERLEBEN - du kannst was erleben
es wird sich etwas Unangenehmes ereignen (Drohung):
Wenn du heute abend nicht pünktlich nach Hause kommst, kannst du was erleben!

.ERNST - jn ernst nehmen
jn für vollwertig betrachten:
Dieser Mensch behauptet heute dies und morgen genau das Gegenteil, den kann man doch nicht ernst nehmen.

- mit etwas Ernst machen
etwas wirklich tun:
Sie glauben, daß ihr Gegner nur droht. Aber was würden Sie machen, wenn er nun wirklich Ernst macht?

- der Ernst des Lebens
die Schwierigkeiten des Lebens:
Nach der Schulzeit beginnt für alle der Ernst des Lebens.

.ERSCHOSSEN - erschossen sein
1. erschöpft sein:
Am Ende dieser langen Wanderung war ich völlig erschossen.
2. nicht weiter können, in größter Verlegenheit sein, ruiniert sein:
Ich habe mein ganzes Geld in der Firma investiert; wenn sie jetzt Bankrott macht, bin ich erschossen.

.EULE - Eulen nach Athen tragen
etwas Überflüssiges tun:
Meine Freundin ist Buchhändlerin, Ihr ein Buch zu schenken, hieße ja Eulen nach Athen tragen.

.F - nach Schema F
nach Gewohnheit, ohne viel zu denken, schablonenhaft:
Diese Arbeit kann man nicht nach Schema F machen; du mußt dir dabei schon etwas einfallen lassen.

.FACH - etwas unter Dach und Fach bringen oder **haben**
etwas fertigmachen, erledigen:
Ich war sehr froh, als ich den Kaufvertrag endlich unter Dach und Fach hatte.

.FACKELN - nicht lange fackeln
nicht lange zögern, schwanken, hin und her reden:
Geht jetzt endlich an die Arbeit und fackelt nicht so lange!

.FADEN - den Faden verlieren
vom Thema abkommen, nicht mehr weiter wissen:
Er ist ein schlechter Redner. Immer wieder verlor er den Faden und mußte in seinem Manuskript schauen.

- die Fäden in der Hand halten
eine Sache allein leiten (Hergeleitet von den Fäden der Marionetten beim Puppenspiel):
Der Ministerpräsident hält die Fäden der Politik fest in seiner Hand.
- an einem (seidenen) Faden hängen
in größter Gefahr sein:
Der Patient ist inzwischen genesen, obwohl sein Leben wirklich nur an einem seidenen Faden gehangen hatte.
- keinen guten Faden an jm lassen (fam) (vgl. .Haar)
starke negative Kritik an jm üben:
Deine Schwester kann Fritz nicht leiden und läßt keinen guten Faden an ihm.

.FAHREN - mit etwas gut (schlecht) fahren
mit etwas gute (schlechte) Erfahrungen machen:
Wenn Sie diesen Fotoapparat kaufen, werden Sie damit nicht schlecht fahren.
- aus der Haut fahren
sehr ungeduldig sein (werden):
Der Mann ist so nervös, er fährt bei jener Kleinigkeit aus der Haut.
- jm über den Mund fahren
jm scharf antworten, bevor er mit seinen Ausführungen zu Ende ist:
Ich wollte ihm meine Meinung erklären, aber er fuhr mir dauernd über den Mund.

.FAHRT - in Fahrt kommen
in Stimmung kommen, die alle anderen mitreißt:
Nach dem zweiten Glas Wein kam Max richtig in Fahrt und unterhielt die ganze Gesellschaft.

.FÄHRTE - jn auf die richtige (falsche) Fährte bringen
jn auf die richtige (falsche) Spur führen:
Die Untersuchungen zogen sich lange hin, weil einer der Zeugen die Polizei auf eine falsche Fährte gebracht hatte.

.FAHRWASSER - in seinem oder **im richtigen Fahrwasser sein**
bei seinem Lieblingsthema sein:
Als er von seiner neue Erfindung erzählte, war er so recht in seinem Fahrwasser.

.FALL - jn (etwas) zu Fall bringen
1. jn von einem (guten) Posten drängen:
Die Opposition brachte den Minister zu Fall.
2. etwas vereiteln:
Er ruhte nicht eher, bis er den Plan zu Fall gebracht hatte.

.FALLE - in die Falle gehen
1. die listige Verlockung nicht erkennen, sich überlisten lassen:
Der Angeklagte ging in die Falle, die ihm der Staatsanwalt mit seiner Frage gestellt hatte.
2. (fam.) ins Bett gehen:
Ich bin heute todmüde und werde zeitig in die Falle gehen.

.FALLEN - immer auf die Füße fallen
auch in kritischen Situationen immer Glück haben:
Ihm kann im Leben passieren was will, er fällt immer auf die Füße.
- aus dem Rahmen fallen
ungewöhnlich sein:
Fast alle Plastiken in dieser Ausstellung waren Durchschnitt. Nur zwei Werke des Bildhauers Bauer fielen aus dem Rahmen.
- aus der Rolle fallen
gegen gutes Benehmen verstoßen:
Mit seinen dummen Witzen fällt Horst dauernd aus der Rolle.
- jm in die Hände fallen
in die Gewalt oder den Besitz eines Menschen geraten:
Ich bin bei dem Aktienkauf Betrügern in die Hände gefallen. -
Bei dem gestrigen Einbruch fielen den Dieben wertvolle Schmuckgegenstände in die Hände.
- es fällt mir wie Schuppen von den Augen
ich erkenne es plötzlich ganz klar:
Nachdem ich vergeblich nach der richtigen Übersetzung gesucht hatte, fiel es mir plötzlich wie Schuppen von den Augen, und ich verstand den Text.
- mir fällt ein Stein vom Herzen
eine große Sorge ist mir genommen:
Als der Professor mir sagte, daß er mit meiner Arbeit sehr zufrieden sei, fiel mir ein Stein vom Herzen.
- mit der Tür ins Haus fallen
etwas unvermittelt oder unvorbereitet vorbringen, direkt aufs Ziel losgehen:
Wenn Sie bei Herrn Hummel etwas erreichen wollen, dürfen Sie bei ihm nicht mit der Tür ins Haus fallen.
- aus allen Wolken fallen
völlig überrascht sein, vor Schreck beinahe umfallen:
Als ich von der Verlobung deiner Freundin hörte, fiel ich aus allen Wolken.

.FALLENLASSEN - die Maske fallenlassen
die wahren Absichten zeigen:
Nachdem der Diktator die Macht errungen hatte, ließ er die Maske fallen.

.FANG - einen guten Fang machen
etwas sehr günstig bekommen:
Mit der Vase, die ich neulich gekauft habe, habe ich einen guten Fang gemacht. Es ist ein sehr wertvolles Stück.

.FARBE - Farbe bekennen
sich entscheiden, Stellung nehmen:
Es dauerte lange, bis Kurt in der Diskussion Farbe bekannte.

.FASSEN - etwas fest ins Auge fassen
ein Ziel planmäßig und unbeirrt verfolgen:
Wer sein Ziel fest ins Auge faßt, wird im Leben auch Erfolg haben.
- etwas scharf ins Auge fassen
etwas kritisch betrachten:
Die Abgeordneten faßten die neue Gesetzesvorlage scharf ins Auge.
- die Gelegenheit beim Schopf fassen oder **packen**
die Gelegenheit ausnützen:
Heute traf ich zufällig den Direktor; ich faßte die Gelegenheit beim Schopf und besprach einige persönliche Dinge mit ihm, für die im Büro immer keine Zeit ist.

.FASSUNG - jn aus der Fassung bringen
jn aus der Ruhe bringen:
Der Redner ließ sich durch Zwischenrufe nicht aus der Fassung bringen.

.FAUL - die Sache ist faul
die Sache ist schlecht, unredlich, bedenklich:
An diesem Geschäft beteilige ich mich nicht, es scheint mir faul zu sein.

- fauler Zauber
übles Täuschungsmanöver:
Wir haben rechtzeitig erkannt, daß alles, was er uns über die Ertragfähigkeit seines Unternehmens sagte, nur fauler Zauber war, um uns nur zur Hergabe eines Kredits zu veranlassen.

.FAUST - auf eigene Faust
selbständig, ohne Befehl:
Er wartete die Anordnung des Chefs nicht ab, sondern handelte auf eigene Faust.
- mit der Faust auf den Tisch schlagen
energisch vorgehen:
Wenn wir jetzt nicht einmal mit der Faust auf den Tisch schlagen, werden sich die Verhältnisse hier nie bessern.
- wie die Faust aufs Auge passen
überhaupt nicht passen:
Sein heller Hut paßt zum Smoking wie die Faust aufs Auge.

.FÄUSTCHEN - sich ins Fäustchen lachen
schadenfroh sein, aus Schadenfreude heimlich lachen:
Wenn der Lehrer mal einen Fehler macht, lachen sich die Schüler ins Fäustchen.

.FAUSTDICK - es faustdick hinter den Ohren haben
schlau und listig sein, ohne daß es zunächst bemerkt wird:
Seien Sie vorsichtig bei den Verhandlungen. Herr Aigner ist zwar sehr liebenswürdig, aber er hat es faustdick hinter den Ohren.

.FEDER - sich mit fremden Federn schmücken
fremde Leistung für eigene ausgeben:
Diese Weisheit stammt nicht von ihm; er schmückt sich gern mit fremden Federn.

.FEDERLESEN - nicht viel Federlesens mit jm (etwas) machen
mit jm (mit etwas) keine Umstände machen, etwas schnell erledigen:
Der Polizist machte mit den beiden Betrunkenen nicht viel Federlesens; er brachte sie gleich auf die Polizeiwache.

.FELL - Ihm sind alle Felle weggeschwommen
er ist traurig und enttäuscht:
Du machst ja ein Gesicht, als wären dir alle Felle weggeschwommen.
- jm das Fell über die Ohren ziehen
jn bei einem Handel betrügen:
Der Händler, der mir den Teppich verkaufte, hat mir aber gehörig das Fell über die Ohren gezogen.
- jm das Fell oder Leder gerben
jn verprügeln:
Der Bauer erwischte den Jungen beim Äpfelstehlen und gerbte ihm tüchtig das Fell.
- ein dickes Fell haben
unempfindlich sein, seine Ruhe nicht verlieren:
Es macht mir nichts aus, wenn mich der Chef anbrüllt. Ich habe ein dickes Fell.

.FENSTER - das Geld zum Fenster hinauswerfen
Geld verschwenden, unnötig ausgeben:
Kauf dir dieses Auto nicht. Das Geld dafür wäre wirklich zum Fenster hinausgeworfen.

.FERSE - jm auf den Fersen sein
jn verfolgen:
Die Polizei war dem Dieb dicht auf den Fersen.
.FERTIG - mit jm (etwas) fertig werden
jn (etwas) bezwingen, etwas meistern:
Die Kinder sind oft so wild, daß man kaum mir ihnen fertig wird.
Hier haben Sie die Prüfungsaufgabe. Sehen Sie zu, wie Sie damit fertig werden!
- fertig sein
erschöpft sein, am Ende seiner Kräfte sein:
Stundenlang dauerten die Verhandlungen, und als sie zu Ende waren, waren alle Beteiligten vollständig fertig.

.FERTIGMACHEN - jn fertigmachen
1. jn (körperlich oder moralisch) stark schwächen. erschöpfen. zugrunde richten:
Die Vorbereitungen zur Prüfung haben mich ganz fertiggemacht.
2. jn umbringen, töten:
Bevor er seine Drohung, alle zu verraten, wahr machen konnte, haben ihn die Bandenmitglieder fertiggemacht.
3. jn betrunken machen:
Seine Kollegen hatten sich vorgenommen, ihn auf dem Betriebsfest richtig fertigzumachen.
4. jn so sehr schelten, zurechtweisen, daß er nichts mehr darauf erwidern kann:
Der Chef hat mich heute mal wieder fertiggemacht.

.FEST - steif und fest
mit Bestimmtheit:
Der Angeklagte behauptete steif und fest, an dem Abend bei seinem Freund gewesen zu sein.

.FESTFAHREN - sich festfahren
nicht mehr weiterkommen, nicht mehr weiter wissen:
Schon am ersten Verhandlungstag hatte sich die Ministerkonferenz festgefahren.

.FESTLEGEN - sich festlegen
sich binden:
Er kann seinen Plan jetzt nicht mehr ändern, denn er hat sich durch seine Versprechungen schon allzusehr festgelegt.

.FESTNAGELN - jn festnageln
jn zwingen, sein Versprechen einzuhalten oder zu seiner Meinung zu stehen, jn auf seine Widersprüche hinweisen:
Die Opposition nagelte in der Debatte den Minister auf seine früheren Äußerungen fest.

.FESTSTEHEN - es steht fest
es ist sicher:
Es steht fest, daß Kollege Müller unsere Firma verläßt.

.FETT - das macht den Kohl oder **das Kraut nicht fett**
das nützt nichts:
Laß nur dein Geld stecken, deine paar Pfennige machen den Kohl auch nicht fett.

.FETTNÄPFCHEN - ins Fettnäpfchen treten
sich durch eine taktlose, unvorsichtige Bemerkung unbeliebt machen:
Ich bat ihn, seiner Frau Grüße zu bestellen. Da bin ich schön ins Fettnäpfchen getreten; wie ich später hörte, war er von ihr seit kurzem geschieden.

.FEUER - die Hand für jn (etwas) ins Feuer legen
für jn (etwas) garantieren:
Der Mann ist unehrlich; für ihn lege ich meine Hand nicht ins Feuer.

- für jn durchs Feuer gehen
bereit sein, alles für jn zu tun:
Die Angestellten unserer Firma gehen für den Chef durchs Feuer.

- für etwas Feuer und Flamme sein
für etwas sehr begeistert sein:
Für den Fußball war er schon immer Feuer und Flamme.

- Feuer fangen
sich verlieben, schnell begeistert sein:
Kaum hatte er das Mädchen gesehen, hatte er auch schon Feuer gefangen.

.FF - etwas aus dem ff können oder verstehen
etwas sehr gründlich und gut können:
Klavierspielen kann er wirklich aus dem ff.

.FINDEN - das wird sich finden
für etwas wird eine Lösung gefunden werden, es wird in Ordnung kommen:
Wenn meine Kinder nur wieder heil aus der Gefahr herauskommen, wird sich schon alles finden.

- ein gefundenes Fressen
eine , unerwartete, sehr günstige Gelegenheit:
Der Fehlentscheidung unseres Managers war ein gefundenes Fressen für die Konkurrenz.

.FINGER - wenn man ihm den kleinen Finger gibt, nimmt er die ganze Hand
Wenn man ihm eine kleine Gefälligkeit erweist. nützt er das aus:

Weil ich Peter neulich vom Büro nach Hause gefahren habe; wartet er jetzt immer nach Dienstschluß auf mich, um nach Hause gefahren zu werden. Wenn man ihm den kleinen Finger gibt, will er die ganze Hand.

- lange oder **krumme Finger machen**
stehlen:
Lassen Sie Ihr Geld nicht so herumliegen. Es könnte einer leicht lange Finger machen.

- jm auf die Finger sehen
jn beobachten, kontrollieren:
Wenn man dir nicht auf die Finger sieht, arbeitest du schlecht.

- sich etwas an den fünf Fingern abzählen
etwas voraussehen, sich etwas ausrechnen können:
Daß der Tölpel einmal mit dem Auto einen Unfall bauen wird, kann man sich an den fünf Fingern abzählen.

- sich in den Finger geschnitten haben
sich geirrt haben:
Wenn du glaubst, daß Fritz das Geld bald zurückzahlen wird, hast du dich aber gehörig in den Finger geschnitten.

- jn um den (kleinen) Finger wickeln können
jn leicht lenken können:
Das Kind wickelt seine Großeltern um den kleinen Finger, sie tun alles, was es will.

- sich die oder **alle zehn Finger nach etwas lecken**
etwas sehnlichst wünschen, etwas sehr gern haben wollen:
Warum bist du mit deiner Stellung nicht zufrieden? Andere würden sich die (oder *alle) zehn Finger danach lecken.*

- die Finger von etwas lassen
sich mit etwas nicht befassen, mit etwas nichts zu tun haben wollen:
Laß deine Finger vom Spiel und vom Alkohol.

- sich etwas aus den Fingern saugen
etwas frei erfinden:
Diese Meldung hat sich der Journalist nur aus den Fingern gesogen.

- keinen Finger regen oder **rühren** oder **krumm machen**
nichts tun, sich nicht anstrengen:
Er hat Geld verdient, ohne auch nur einen Finger krumm zu machen.

- seine Finger überall drin haben
1. sich um Dinge kümmern, die einen eigentlich nichts angehen:
Hans ist sehr ehrgeizig; er kümmert sich nicht nur um seine Angelegenheiten, sondern will überall seine Finger drin haben.
2. sehr einflußreich sein:
Seien Sie vorsichtig, wenn Sie dem Präsidenten etwas über die Geschäftsführung der Firma sagen; man weiß nicht, wo der überall seine Finger drin hat.

- sich die Finger verbrennen
Siehe .VERBRENNEN.

.FISCH - gesund (munter) wie ein Fisch im Wasser
sehr gesund, sehr munter:
Der Arzt hat mir geraten, eine Kur zu machen; dabei fühle ich mich so gesund wie ein Fisch im Wasser.

- das sind kleine Fische
das ist eine Kleinigkeit:
Die Summe kann ich dir gern leihen. Das ist nur ein kleiner Fisch für mich.
.FITTICH - jn unter seine Fittiche nehmen
jn beschützen, für jn sorgen:
Der berühmte Dirigent nahm den jungen Musiker unter seine Fittiche.

.FIX - fix und fertig
1. vollständig fertig:
Wie lange soll ich noch warten? Ich bin schon seit zehn Minuten fix und fertig.
2. völlig erschöpft:
Den ganzen Tag habe ich im Garten gearbeitet. Jetzt bin ich aber fix und fertig.

.FLAUSEN - Flausen im Kopf haben
unnütze Ideen haben:
Tue etwas Nützliches! Du hast ja immer nur Flausen im Kopf.

.FLECK - das Herz auf dem rechten Fleck haben
ein verständnisvoller, mutiger, mitfühlender Mensch sein:
Fritz ist zwar nicht besonders begabt, aber er hat das Herz auf dem rechten Fleck und wird sicher Erfolg haben.
- vom Fleck weg
sofort, auf der Stelle:
Die Polizei hat den Dieb vom Fleck weg verhaftet.
- nicht vom Fleck kommen
nicht vorwärtskommen:
In der letzten Woche bin ich mit meiner Arbeit nicht recht vom Fleck gekommen.

.FLEISCH - jm in Fleisch und Blut übergehen
jm zur Gewohnheit werden:
Man muß die Kinder schon sehr bald an Ordnung gewöhnen; sie muß ihnen in Fleisch und Blut übergehen.
- sich ins eigene Fleisch schneiden
sich selbst schaden:
Mit der Beschwerde beim Chef hast du dir ins eigene Fleisch geschnitten.

.FLICKEN - jm etwas am Zeuge flicken
bei jm Fehler suchen und kritisieren:
Der Chef sieht nicht, welche Mühe sich der Lehrling gibt, um alles richtig zu machen. Ich glaube, er kann ihn nicht leiden, denn dauernd sucht er ihm etwas am Zeuge zu flicken

.FLIEGE - in der Not frißt der Teufel Fliegen
wenn man nichts Besseres hat, begnügt man sich mit Geringerem:
Ich habe für Goethes „Faust" im Theater nur noch einen Platz im zweiten Rang bekommen können. Aber in der Not frißt der Teufel Fliegen.
- zwei Fliegen mit einer Klappe schlagen
zwei Dinge zusammen erledigen:
Mit meiner Reise nach Nürnberg will ich zwei Fliegen mit einer Klappe schlagen. Zuerst schließe ich bei einer Firma ein Geschäft ab, und danach besuche ich meinen Freund, den ich schon lange nicht mehr gesehen habe.
- ihn ärgert die Fliege an der Wand
er ärgert sich über jede Kleinigkeit:

Wenn er einen Schnupfen hat, ist er unerträglich; da ärgert ihn die Fliege an der Wand.

.FLINTE - die Flinte ins Korn werfen
sich entmutigen lassen:
Er hat keine Ausdauer. Bei der ersten Schwierigkeit wirft er schon die Flinte ins Korn und gibt sein Vorhaben auf.

.FLOH - jm einen Floh ins Ohr setzen
jm einen Gedanken eingeben, der ihm keine Ruhe läßt:
Hör auf, von einer Reise nach Italien zu sprechen! Deine Freundin hat dir damit einen Floh ins Ohr gesetzt!

.FLÖTENTÖNE - jm die Flötentöne beibringen
jm strenge Vorhaltungen machen:
Sie hat heute schon wieder die Arbeiten nicht erledigt, die ich ihr aufgetragen habe. Jetzt werde ich ihr aber die Flötentöne beibringen

.FLUG - wie im Fluge
sehr schnell:
Wir haben uns heute abend so gut unterhalten, daß mir die Zeit wie im Fluge vergangen ist.

.FLÜGEL - die Flügel hängen lassen
enttäuscht, mutlos sein:
Du brauchst wegen einer enttäuschten Liebe nicht dein Leben lang die Flügel hängen zu lassen.

.FLUSS - etwas in Fluß bringen
etwas in Gang bringen:
Er bemühte sich, die stockende Unterhaltung wieder in Fluß zu bringen.

.FOLTER - jn auf die Folter spannen
jn in Spannung halten, jn mit Ungewißheit quälen:
Nun erzähle mir doch, was geschehen ist, und spann mich nicht so auf die Folter!

.FORM - die Form wahren
den Anstand bewahren:
Trotz heftiger Auseinandersetzungen wahrten alle Beteiligten die Form, und es kam zu keiner kränkenden Äußerung.

- in Form sein
auf der Höhe seiner Leistungen sein:
Beim gestrigen Wettkampf waren unsere Sportler nicht in Form.

.FRAGE - in Frage stellen
unsicher machen:
Durch seinen Unfall ist die ganze Ferienreise in Frage gestellt.

- das kommt nicht in Frage
das ist ausgeschlossen:
Daß du jetzt Schauspielunterricht nimmst, kommt gar nicht in Frage.

.FREI - jn auf freien Fuß setzen
jn freilassen:
Der Inhaftierte wurde schon am nächsten Tag wieder auf freien Fuß gesetzt.
- jm freie Hand lassen
jn nicht behindern:
Der Chef läßt mir bei meiner Arbeit völlig freie Hand.
- etwas aus freien Stücken tun
etwas freiwillig tun:
Die Arbeiter verzichteten freiwillig auf ihre Mittagspause, weil sie die elektrische Anlage noch am selben Tag fertigstellen wollten.
- ich bin so frei
ich erlaube mir (Höflichkeitsformel, wenn man etwas Angebotenes annimmt):
Darf ich Sie morgen zum Mittagessen einladen? - Danke vielmals, ich bin so frei.
- frank und frei
ganz offen:
Was halten Sie von dieser Angelegenheit? Bitte, sagen Sie mir frank und frei Ihre Meinung.

.FRESSEN - einen Narren an jm gefressen haben
jn besonders gern mögen:
Sie hat an meinem Jüngsten einen Narren gefressen.
- jn gefressen haben (starker Ausdruck)
jn nicht leiden können:
Diesen unverschämten Menschen habe ich gefressen.

.FRESSEN - ein gefundenes Fressen
Siehe .FINDEN.

.FRIEDEN - dem Frieden nicht trauen
mißtrauisch sein:
Er hat so oft Versprechungen nicht gehalten, jetzt traue ich dem Frieden nicht mehr.

.FROMM - ein frommer Wunsch
ein Wunsch, der nicht in Erfüllung geht:
Ein ewiger Friede wird wohl immer ein frommer Wunsch bleiben.

.FUCHS - wo sich Fuchs und Hase gute Nacht sagen
in einer einsamen, verlassenen Gegend:
In diesem Jahr möchte ich meinen Urlaub dort verbringen, wo sich Fuchs und Hase gute Nacht sagen und ich von der Welt nichts sehe und höre.

.FUCHSEN - das fuchst mich
das ärgert mich:
Es fuchst mich, daß ich bei dieser leichten Aufgabe Fehler gemacht habe.

.FUCHTEL - jn unter der Fuchtel haben
jn in seiner Willensfreiheit beschränken, jn in strenger Zucht halten:
Der Mann ist ein richtiger Haustyrann, er hat seine ganze Familie unter der Fuchtel.

.FUFFZIGER - ein falscher Fuffziger (oft scherzhaft)
ein unaufrichtiger Mensch (Fuffziger = Fünfziger):
So ein falscher Fuffziger! Eine Stunde saßen wir beieinander, und er erzählte mir nicht, daß meine frühere Verlobte geheiratet hat!

.FÜHLER - die Fühler ausstrecken
sich informieren:
Schließen Sie das Geschäft noch nicht ab! Ich will erst einmal meine Fühler ausstrecken und sehen, was für Angebote die Konkurrenz macht.

.FÜHREN - das große Wort führen
sich wichtig machen:
Bei allen Gelegenheiten will er das große Wort führen.
- sich gut (schlecht) führen
sich gut (schlecht) betragen:
Da sich der Gefangene gut geführt hatte, wurde ihm der Rest seiner Strafe erlassen.
- sich etwas zu Gemüte führen
etwas mit Appetit essen:
Und nun, verehrte Gäste, darf ich Sie bitten, sich den vorzüglichen Gänsebraten zu Gemüte zuführen.
.FÜNF - fünf gerade sein lassen
es nicht so genau nehmen (*fünf* ist keine gerade Zahl):
Eine Hausfrau muß auch einmal fünf gerade sein lassen und sich Zeit zu anderen Dingen nehmen, als nur immer für die Familie da zu sein.
- das fünfte Rad am Wagen sein
überflüssig sein:
Wenn du mit Fritz ausgehst, komme ich nicht mit. Ich möchte nicht das fünfte Rad am Wagen sein.

.FUNKE - einen Funken
ein wenig:
Wenn er nur einen Funken Ehrgeiz hätte, könnte Ausgezeichnetes leisten.
- der Funke ins Pulverfaß
der letzte Anstoß, um eine Sache gefährlich zu machen:
Der Aufruf zur Opposition war der Funke ins Pulverfaß. Die Menge rottete sich zusammen und wollte schon das Rathaus stürmen.

.FUSS - jn (etwas) mit Füßen treten
1. jn schlecht behandeln:
Die gestrige Anordnung des Gemeinderats tritt die Rechte der Bürger mit Füßen.
2. etwas nicht (be)achten:
Zu spät erkannte er, daß er unsere gutgemeinten Ratschläge mit Füßen getreten hatte.
- den Boden unter den Füßen verlieren
haltlos werden:
Seit Horst sein Elternhaus verlassen hat, hat er den Boden unter den Füßen verloren.
- auf eigenen Füßen stehen
selbständig sein:
Seit mehr als ein Jahr steht Paul auf eigenen Füßen.
- jm auf den Fuß treten
jn ärgern, jn verletzen:
Frau Bauer ist sehr empfindlich; bei jeder Kleinigkeit fühlt sie sich auf den Fuß getreten.
- auf großem Fuß leben
verschwenderisch leben:

Seine Geschäfte gehen lange nicht mehr so gut wie früher. Trotzdem lebt er weiter auf großem Fuß.
- mit jm auf gutem Fuß stehen oder **leben**
sich mit jm gut vertragen, freundschaftlich miteinander verkehren:
Ich werde gern Ihre Bewerbung bei der Firma Müller & Co unterstützen; mit dem Direktor der Firma stehe ich auf sehr gutem Fuß.
Seitdem meine Nachbarin Lügen über mich verbreitet hat, stehe ich mit ihr auf keinem guten Fuß.
- kalte Füße bekommen
Angst bekommen, so daß man seinen Plan fallenläßt:
Gestern noch wollte sich Peter beim Direktor beschweren. Jetzt hat er kalte Füße bekommen und unterläßt es.
jm die Sache oder den ganzen Bettel vor die Füße werfen
nicht mehr mit jm zusammenarbeiten wollen:
Jetzt habe ich meine eigene Firma gegründet. Nach einem Streit habe ich meinem bisherigen Partner den ganzen Bettel vor die Füße geworfen.
- mit einem Fuß im Gefängnis stehen
Siehe .BEIN.
- immer wieder auf die Füße fallen
Siehe .FALLEN.

.GALLE - mir läuft die Galle über
ich werde sehr zornig:
Wenn ich höre, wie häßlich er über seinen Bekannten spricht und wie freundlich er tut, wenn er ihm begegnet, läuft mir die Galle über.
- Gift und Galle spucken
sehr zornig sein:
Mit diesem Mann kann man nicht verhandeln. Wenn dem was nicht paßt, spuckt er gleich Gift und Galle.

.GANG - gang und gäbe sein
gebräuchlich, üblich sein:
In Bayern ist es gang und gäbe, sich gegenseitig mit „Grüß Gott" zu begrüßen.

.GÄNGELBAND - jn am Gängelband haben oder **führen**
jn nicht selbständig handeln lassen:
Als erwachsener Mensch verträgt man es nicht, immer am Gängelband geführt zu werden.

.GÄNSEHAUT - eine Gänsehaut bekommen
vor Kälte, Aufregung oder Furcht schauern:
Wenn ich an den letzten Krimi denke, bekomme ich jetzt noch eine Gänsehaut.

.GARDINE - hinter schwedischen Gardinen
im Gefängnis:
Wer wiederholt mehrere Jahre hinter schwedischen Gardinen verbracht hat, wird kaum mehr den Weg ins bürgerliche Leben zurückfinden.

.GARN - jm ins Garn gehen
sich überlisten lassen:
Er ist ein raffinierter Geschäftsmann und geht niemandem so leicht ins Garn.
.GEBEN - etwas auf eine Person (Sache) geben
eine gute Meinung von einer Person (Sache) haben:
Hans gibt viel auf das, was du sagst.
- zum besten geben

1. spendieren, (für andere) bezahlen:
Gestern abend feierten wir unser Wiedersehen; ich habe eine gute Flasche Wein zum besten gegeben.
2. vortragen, erzählen:
Die Unterhaltung war sehr lustig; jeder von uns gab einen Witz zum besten.

- seinen Segen geben
(nach längerem Zögern) seine Zustimmung geben, einverstanden sein:
Zuerst wollte er unserem Plan nicht zustimmen, aber dann gab er doch seinen Segen dazu.

- seinen Senf dazugeben (starker Ausdruck)
seine unwichtige Meinung sagen:
Er kann keinen Augenblick still sein und zuhören. Immer muß er seinen Senf dazugeben.

.GEBET - jn ins Gebet nehmen
jm ins Gewissen reden, eindringlich und ermahnend mit jm sprechen:
Nachdem der Sohn wieder ein schlechtes Zeugnis aus der Schule mitgebracht hatte, nahm ihn sein Vater gehörig ins Gebet.

.GEDANKE - sich Gedanken machen
sich Sorgen machen:
Mach dir doch keine Gedanken darüber, wenn ich einmal später nach Hause komme, was soll mir denn schon passieren?

- seine Gedanken beisammen haben
sich konzentrieren:
Bei der Prüfung mußt du deine Gedanken beisammen haben, sonst fällst du durch.

.GEDEIH - auf Gedeih und Verderb
für gute und schlechte Zeiten, im Glück und Unglück:
Bevor man sich entschließt zu heiraten, muß man sich darüber klar sein, daß man mit seinem Partner auf Gedeih und Verderb verbunden ist.

.GEDULD - mir reißt die Geduld
meine Geduld ist zu Ende:
Lange hatte ich mir die Vorwürfe angehört, dann riß mir aber die Geduld, und ich sagte gehörig meine Meinung.

.GEFALLEN - das lasse ich mir gefallen
so gut möchte ich es auch haben:
Erika hat von ihrem Mann einen herrlichen Pelzmantel bekommen, so etwas lasse ich mir auch gefallen.

.GEFASST - sich auf etwas gefaßt machen
mit etwas sehr Unangenehmem rechnen:
Wenn Sie morgen wieder zu spät ins Geschäft kommen, können Sie sich auf einen Krach mit dem Chef gefaßt machen.

.GEHEN - drunter und drüber gehen
großes Durcheinander sein:
Bitte besuchen Sie mich nicht! Wir sind gerade erst umgezogen, und in unserer Wohnung geht noch alles drunter und drüber.

- in sich gehen
sich moralisch bessern, etwas bereuen:

Beschuldige nicht immer andere Leute! Du solltest selbst mal in dich gehen.

- sich gehenlassen

nachlässig sein, sich nicht unter Kontrolle haben:

Sie sollte sich besser anziehen und mehr auf ihr Äußeres achten. Wenn man im Beruf steht, darf man sich nicht so gehenlassen.

- jm an den Kragen (ans Leben) gehen

in große Gefahr (Lebensgefahr) kommen, in eine sehr unangenehme Situation geraten:

Wenn die Polizei jetzt den Dieb erwischt, geht es ihm aber an den Kragen. -
Auch die Mutigsten werden schwach, wenn es ihnen ans Leben geht.

- wie geht's, wie steht's?

wie geht es?

Wie geht's und steht's, Herr Kollege? Wir haben uns lange nicht mehr gesehen.

- jm gegen den Strich gehen

gegen js Überzeugung sein, gegen js Natur sein, jm sehr unangenehm sein:

Es geht mir gegen den Strich, meinen Vorgesetzten zu schmeicheln.

.GEHEUER - nicht geheuer sein

1. nicht sicher sein, verdächtig sein:

Er hat mir ein gutes Geschäft in Aussicht gestellt. Aber die ganze Sache ist mir nicht ganz geheuer.

2. unheimlich sein:

In dem alten Schloß ist es nicht ganz geheuer. Man sagt, um Mitternacht gingen dort merkwürdige Gestalten um.

.GEHUPFT, GEHÜPFT - gehupft wie gesprungen

ganz gleich:

Man kann mit dem Zug oder mit dem Autobus nach Garmisch fahren, das ist gehupft wie gesprungen.

.GEIGE - die erste Geige spielen

die wichtigste Person sein:

Es ist schwer, mit ihm zusammenzuarbeiten. Er will immer die erste Geige spielen.

- die zweite Geige spielen

eine untergeordnete Rolle spielen:

Der Juniorchef hat sich aus dem Familienbetrieb zurückgezogen, da er nicht zeit seines Lebens die zweite Geige spielen will.

.GEIST - ich weiß, wes Geistes Kind er ist

ich kenne seine Geisteshaltung, seine Gesinnung; ich weiß, was ich von ihm zu erwarten habe:

Der Direktor unterhält sich lange mit jedem Bewerber, um herauszufinden, wes Geistes Kind er ist.

- von allen guten Geistern verlassen sein

alle Vernunft verloren haben:

Als du diesen miesen Vertrag unterschrieben hast, warst du wohl von allen guten Geistern verlassen.

.GELADEN - geladen sein (starker Ausdruck)

sehr ärgerlich sein (so daß man bei dem geringsten Anlaß aufbraust):

Heute bin ich geladen; zweimal ist mir heute der Bus doch vor der Nase weggefahren.

.GELD - es geht oder **läuft ins Geld**

es wird auf die Dauer teuer:

Wenn ich täglich auch zwei Mark für Fahrgeld ausgeben muß, so geht im Laufe der Zeit das doch ganz schön ins Geld.

- mit Geld um sich werfen oder **schmeißen, das Geld mit vollen Händen ausgeben**
verschwenderisch sein:
Seitdem Hugo in der Lotterie gewonnen hat, wirft er mit dem Geld nur so um sich.
- das Geld zum Fenster hinauswerfen
Siehe .FENSTER.
- Geld wie Heu haben
sehr reich sein:
Mein Freund kennt Leute, die haben Geld wie Heu.

.GELIEFERT - geliefert sein
Siehe .LIEFERN.

.GEMÜT - sich etwas zu Gemüte führen
Siehe .FÜHREN.

.GEMÜTLICHKEIT - da hört aber die Gemütlichkeit auf
das ist entschieden zuviel, das ist unerhört:
Außer einer erheblichen Lohnerhöhung wollen die Arbeiter auch noch eine verkürzte Arbeitszeit. Da hört aber die Gemütlichkeit auf.

.GENEHMIGEN - (sich) einen genehmigen
ein Glas (Alkohol) trinken:
Bevor ich jetzt nach Hause gehe, will ich mir in der Kneipe noch schnell einen genehmigen.

.GENICK - jm das Genick brechen
1. jn umbringen, jn töten:
Wenn du nicht aufhörst, derartige Lügengeschichten über mich zu verbreiten, breche ich dir doch noch mal das Genick.
2. jn zugrunde richten, ruinieren, jm seine Stellung, seinen Ruf nehmen:
Ich glaube nicht, daß Müller in unserer Firma lange weiterbeschäftigt wird. Seine Unzuverlässigkeit wird ihm mal doch das Genick brechen.

.GERÄDERT - wie gerädert sein
sehr müde, erschöpft sein:
Ich bin heute nacht erst um 3 Uhr nach Hause gekommen. Ich fühle jetzt mich wie gerädert.

.GERADESTEHEN - für etwas geradestehen
die Verantwortung für etwas übernehmen, sich für etwas verbürgen:
Frau Richter wird die Arbeit zu Ihrer Zufriedenheit erledigen, dafür stehe ich gerade.

.GERATEWOHL - aufs Geratewohl
ohne bestimmten Plan, ohne vorhergehende genaue Überlegung:
Rufen Sie ihn vorher an! Vielleicht ist er nicht zu Hause. Ich würde jedenfalls nicht so aufs Geratewohl zu ihm gehen.
In den kommenden Ferien wollen wir aufs Geratewohl nach Italien fahren.

.GERECHT - einer Sache gerecht werden
etwas so erledigen, wie es sein muß:
Der neue Mitarbeiter wird seiner Aufgabe nicht gerecht; er hat überall Schwierigkeiten.
- in allen Sätteln gerecht sein
jede Lage meistern können:
Jede Aufgabe, die man ihm überträgt, führt er zur größten Zufriedenheit aus; die Arbeit am Schreibtisch erledigt er ebensogut wie die Verhandlungen mit Geschäftsleuten. Er ist in allen Sätteln gerecht.

.GERN - er kann mich gern haben (starker Ausdruck)
ich will nichts mehr mit ihm zu tun haben:
Heute ist er wieder nicht gekommen; seit drei Tagen läßt er mich warten! Nun kann er mich aber gern haben.

.GESCHICHTE - eine schöne Geschichte
nichts Gutes, etwas recht Unangenehmes:
Wie konntest du nur deine Wagenschlüssel verlieren ? Das ist ja eine schöne Geschichte!
- Geschichten machen
Schwierigkeiten machen:
Mach keine Geschichten! Geh nicht zur Polizei! Die ganze Sache war doch harmlos.

.GESCHMACK - an etwas Geschmack finden
an etwas Gefallen finden:
Zuerst hat mir die Arbeit hier gar nicht gefallen. Allmählich habe ich aber doch Geschmack daran gefunden.
- auf den Geschmack kommen
das Angenehme entdecken:
Er hat nie tanzen wollen; aber jetzt ist er auf den Geschmack gekommen. Jetzt will er sogar in die Tanzstunde gehen.

.GESCHMIERT - wie geschmiert
sehr gut:
Erst heute habe ich das Gedicht auswendig gelernt. Es geht wie geschmiert.

.GESCHÜTZ - schweres Geschütz auffahren
zu starke Argumente gebrauchen, eine zu starke Gegenaktion einleiten:
Wegen eines harmlosen Zwischenrufes wurde er von der Versammlung ausgeschlossen. So ein schweres Geschütz hätte man nun nicht aufzufahren brauchen.

.GESICHT - jm etwas ins Gesicht sagen oder **schleudern**
jm etwas Unangenehmes direkt sagen, jm schonungslos die Wahrheit sagen:
Sie war so wütend, daß sie ihm alle möglichen Beleidigungen ins Gesicht schleuderte.

- das Gesicht wahren
den äußeren Schein wahren, behalten:
Er ist in große finanzielle Schwierigkeiten geraten; trotzdem fährt er immer noch seinen großen Wagen und behält seine teure Wohnung. Er will nach außen hin unter allen Umständen sein Gesicht wahren.

.GESPENST - Gespenster sehen
Gefahren, Schwierigkeiten sehen, wo keine sind:
Warum mußt du überall Gespenster sehen? Hier sind bestimmt keine Einbrecher.

.GESTERN - nicht von gestern sein
klug, erfahren sein:
Ich weiß schon, wie man mit den Problemen fertig wird. Ich bin doch nicht von gestern.

.GESUND - sich gesund machen oder **stoßen**
einen guten Gewinn erzielen; seinem Geldmangel abhelfen:
Bei seinem Handel mit Rohprodukten hat er sich ganz schön gesund gestoßen.
Durch seine Heirat mit der Tochter seines Konkurrenten hat er sich gesund gemacht.

.GEWALT - in js Gewalt stehen
von jm abhängen:
Herr Petersen bat den Bürovorsteher um Lohnerhöhung. Der erklärte, das stehe nicht in seiner Gewalt, und verwies ihn an den Firmenchef.

- sich in der Gewalt heben
sich beherrschen:
Die Nachricht hat mich sehr erschreckt, aber ich hatte mich in der Gewalt und ließ mir nichts anmerken.

- mit Gewalt
sehr schnell:
In den letzten Nächten war es schon ziemlich kalt. Ich glaube, jetzt wird es mit Gewalt Winter.

.GEWICHT - ins Gewicht fallen
sehr wichtig sein, den Ausschlag geben:
Ich könnte noch manches zu dieser Sache sagen. Doch sind die Beschlüsse darüber schon gefaßt, so daß meine Meinung nicht mehr ins Gewicht fällt.

- Gewicht auf etwas legen
etwas für sehr wichtig halten:
Unser Chef legt viel Gewicht auf Pünktlichkeit. Bitte, richten Sie sich danach!

.GEWINNEN - die Oberhand gewinnen
der Sieger, der Bessere sein:
Bei der letzten Abstimmung hat die Opposition die Oberhand über die Regierungspartei gewonnen.

- gewonnenes Spiel haben
alles erreicht haben:
Zuerst wollte der Vater ihm die Reise nicht bezahlen; aber als er seine Prüfung so ausgezeichnet bestanden hatte, hatte er gewonnenes Spiel.

.GEWISSEN - jn (etwas) auf dem Gewissen haben
Schuld haben (an dem großen Unglück, Untergang, Mißerfolg einer Sache, auch dem Tod eines Menschen):

Frau Busch ist an Blutvergiftung gestorben; ihr Arzt hat die Verletzung nicht ernst genug genommen und hat sie nun auf dem Gewissen.

- jm ins Gewissen reden
jn eindringlich ermahnen und versuchen, ihn zu einer Änderung zu bewegen:

Fritz hat in der Schule wieder so schlechte Noten bekommen. Ich muß ihm jetzt einmal ins Gewissen reden.

- sich kein Gewissen daraus machen
sich keine ernsthaften Gedanken darüber machen, etwas nicht als schlecht empfinden:

Viele machen sich kein Gewissen daraus, andere Leute zu schädigen.

.GEWISSENSBISSE - Gewissensbisse kriegen, sich Gewissensbisse machen
sich bewußt werden, etwas Unrechtes getan zu haben:

Er hat seinen Freund im Streit beleidigt. Jetzt hat er deswegen Gewissensbisse gekriegt.

.GIESSEN - es gießt in Strömen
es regnet sehr stark:

Während unseres Ausflugs goß es stundenlang in Strömen.

- sich einen hinter die Binde oder **auf die Lampe gießen.**
einen Schnaps trinken, Alkohol trinken:

Kommt doch mit ins Wirtshaus! Wir gießen uns einen hinter die Binde.

.GIFT - Gift sein für jn (etwas)
sehr schlecht oder gefährlich sein für jn (etwas):

Rauchen ist Gift für die Gesundheit.

- darauf kannst du Gift nehmen
darauf kannst du dich unbedingt verlassen:

Wenn ich keine bessere Bezahlung bekomme, kündige ich. Darauf kannst du Gift nehmen!

.GLACÉHANDSCHUH - jn mit Glacéhandschuhen anfassen
jn sehr vorsichtig behandeln:

Elli ist wegen jeder Kleinigkeit beleidigt. Man kann sie wirklich nur mit Glacéhandschuhen anfassen.

.GLÄNZEN - durch Abwesenheit glänzen (ironisch)
abwesend sein:

Sind alle da? - Nein, Erika glänzt mal wieder einmal durch Abwesenheit.

.GLAS - die Gläser klingen lassen
vor dem Trinken mit den Gläsern anstoßen:

„Brüder, laßt die Gläser klingen, denn der Muskateller Wein wird vom langen Stehen sauer, ausgetrunken muß er sein." (H.Löns)

- zu tief ins Glas gucken oder **schauen**
zuviel trinken:

Wenn du einmal zu tief ins Glas geguckt hast, kann man mit dir nichts mehr anfangen.

.GLATTEIS - jn aufs Glatteis führen
jn irreführen:

Der Professor führte den Studenten mit seinen Fragen nur aufs Glatteis.

.GLAUBEN - auf Treu und Glauben
im Vertrauen auf die Anständigkeit des anderen:

Ich brauche keinen Schuldschein, ich leihe dir das Geld auf Treu und Glauben.

- in gutem Glauben

ohne Hintergedanken; in der Meinung, richtig zu handeln:

Er hat mich gebeten, ihm das Dokument zu geben. Ich gab es ihm in gutem Glauben und konnte nicht wissen, daß er es mißbrauchen würde.

- dran glauben müssen

1. sterben müssen:

Der alte Mann war so rüstig und hatte noch viele Pläne; nun hat er doch viel zu früh dran glauben müssen.

2. der Benachteiligte sein:

Die Firma Müller & Co hat einige Angestellte entlassen. Hoffentlich muß ich nicht auch dran glauben.

.GLEICH - Gleiches mit Gleichem vergelten oder **jm mit gleicher Münze heimzahlen**

jm das gleiche (Gute oder Schlechte) tun, was er einem getan hat:

Selbst seinem Feind sollte man nicht mit gleicher Münze heimzahlen.

.GLEIS - aufs tote Gleis geraten

nicht mehr weiterkommen:

Die Verhandlungen sind jetzt endgültig aufs tote Gleis geraten.

- im alten Gleis

wie vorher, wie gewohnt:

Jeder hat gehofft, daß die neue Regierung vieles besser machen würde, aber jetzt ist doch alles wieder im alten Gleis.

.GLIED - der Schreck fuhr ihm in alle Glieder

er war sehr erschrocken:

Bei dem Zusammenstoß war dem Autofahrer der Schreck in alle Glieder gefahren.

.GLOCKE - etwas an die große Glocke hängen

etwas allgemein bekanntmachen, ohne daß es notwendig gewesen wäre:

Jedem erzählt sie, daß ihr Bruder im Gefängnis sitzt. So etwas sollte sie doch nicht an die große Glocke hängen.

.GLÜCK - sein Glück machen

reich werden, Erfolg haben:

In seiner Heimat konnte er keine richtige Arbeit finden. Er wanderte nach Amerika aus, um dort sein Glück zu machen.

- etwas auf gut Glück tun

etwas ohne Plan machen:

Wir sind auf gut Glück durch diese Straße gegangen, und tatsächlich sind wir dorthin gekommen, wo wir hinwollten.

- mehr Glück als Verstand

außergewöhnliches Glück, unverdienter Erfolg:

Wenn Fritz bei der Prüfung nicht durchfällt, hat er mehr Glück als Verstand.

.GLÜCKLICH - er hat eine glückliche Hand
ihm gelingt alles, er ist sehr geschickt:
In der Theorie versteht er zwar alles ausgezeichnet, aber in der Praxis hat er keine glückliche Hand.

.GNADE - auf Gnade und Ungnade
bedingungslos:
Seitdem sie ihr Vermögen verloren hat, ist sie auf Gnade und Ungnade von ihrem Bruder abhängig.
- Gnade vor Recht walten lassen
Nachsicht haben; nachsichtig sein:
Wir werden Gnade vor Recht walten lassen und den Mann nicht bei der Polizei anzeigen.

.GOLD - nicht mit Gold zu bezahlen sein
sehr wertvoll sein:
Heutzutage ist ein Grundstück am See nicht mit Gold zu bezahlen.

.GOLDWAAGE - jedes Wort auf die Goldwaage legen
jedes Wort sehr genau nehmen, sehr empfindlich sein:
Du darfst nicht jedes Wort auf die Goldwaage legen, was. mein Freund sagt. Er meint es nicht so.

.GOTT - in Gottes Namen
meinetwegen, etwas nur ungern oder nach langem Zögern erlauben:
Wenn du unbedingt meinen Wagen haben willst, nimm ihn dir in Gottes Namen.
- um Gottes willen
1. Verstärkt die Verneinung:
Kauf dir um Gottes willen nicht diesen Mantel Der Stoff taugt nichts.
2. Ausruf des Erschreckens:
Sie wachte in der Nacht auf und sah einen Fremden in ihrem Zimmer. „Um Gottes willen", dachte sie, „was mache ich jetzt?"
- leider Gottes
leider (verstärkt):
Leider Gottes gibt es noch sehr viel Elend auf der Welt.
- du bist wohl ganz von Gott verlassen!
(Ausruf des Entsetzens) Wie kannst du nur so etwas tun!
Wie konntest du denn nur eine so beleidigende Bemerkung machen? Du bist wohl ganz von Gott verlassen!
- wie Gott in Frankreich leben
sehr gut und sorglos leben:
Auf dieser Insel ist es herrlich zu leben. Man hat ein gutes Unterkommen, ausgezeichnetes Essen, nicht zu hohe Preise, man lebt hier wirklich wie Gott in Frankreich.

.GÖTTER - ein Bild für Götter (ironisch)
ein herrlicher, großartiger Anblick:
Du mußt einmal Peter sehen, wenn er mit seinem Jüngsten auf dem Rücken durchs Zimmer krabbelt; das ist wirklich ein Bild für Götter!
- das wissen die Götter
das weiß kein Mensch, niemand weiß es:
Wie er seine Schulden bezahlen will, das wissen die Götter.
.GRAB - sich selbst sein Grab schaufeln oder **sein eignes Grab schaufeln**
sich ruinieren:
Mit seinen geschäftlichen Manipulationen hat er sich selbst sein Grab geschaufelt.
- sich im Grabe (her)umdrehen
sehr empört sein (von Verstorbenen gesagt):

Mein Großvater würde sich im Grabe (her)umdrehen, wenn er wüßte, daß wir sein Haus verkauft haben.

.GRANIT - auf Granit beißen
auf heftigen Widerstand stoßen:
Wenn du meinst, du könntest mir deinen Willen aufzwingen, dann beißt du bei mir auf Granit.

.GRAS - es ist Gras darüber gewachsen
es ist vergessen:
Vor vielen Jahren wurde er einmal wegen eines kleineren Vergehens bestraft, aber über diese Sache ist längst Gras gewachsen.
- das Gras wachsen hören
allzu klug sein wollen:
Fritz hat gesagt, er habe gehört, daß die Firma Schmölzel unsere Fabrik übernehmen will. Da hat er sicher wieder einmal das Gras wachsen hören.
.GRAU - sich keine grauen Haare wachsen lassen
sich keine Sorgen machen:
Wenn Kinder gelegentlich gegenüber ihren Eltern aufbegehren, sollten sich die Eltern darüber keine grauen Haare wachsen lassen.

.GREIFEN - etwas aus der Luft greifen
etwas frei erfinden:
Alles, was er gegen mich vorbrachte, war völlig aus der Luft gegriffen.
- zu hoch greifen
zu hoch schätzen:
Es ist nicht zu hoch gegriffen, wenn die Zahl der ausländischen Studenten in München mit 4000 angegeben wird.

.GRENZE - keine Grenzen kennen
unbeherrscht sein:
Wenn er sich über etwas ärgert, kennt sein Zorn keine Grenzen.

.GRIFF - einen guten Griff tun
eine gute Wahl treffen:
Mit der Einstellung von Herrn Wagner haben wir einen guten Griff getan.
- etwas im Griff haben
etwas gefühlsmäßig richtig machen:
Wenn man eine Arbeit erst einmal im Griff hat, fällt sie einem leichter.

.GROB - aus dem Gröbsten heraus sein
den tiefsten Punkt, die größten Schwierigkeiten überwunden haben:
Nach dem Tod ihres Mannes war es für die Frau sehr schwer, den Lebensunterhalt für sich und ihre Kinder zu verdienen. Jetzt stehen die beiden Ältesten aber schon im Beruf, und die Familie ist aus dem Gröbsten heraus.

.GROSCHEN - der Groschen ist gefallen
er/sie hat es endlich verstanden (Groschen = Zehnpfennigstück; hergeleitet von Automaten, der in Funktion tritt, sobald das Geldstück gefallen ist):
Bis Fritz einen Witz versteht, dauert es lange. Bei ihm fällt der Groschen immer spät.

.GROSS - groß sein in etwas
etwas besonders gut können:
Im Lügen ist Petra groß.
- im großen und ganzen
im allgemeinen:
Man wird natürlich manches gegen das Buch sagen können, im großen und ganzen doch gibt es den jetzigen Stand der Forschung auf diesem Gebiet genau wieder.
- (ganz) groß dastehen
überall anerkannt sein:
Nach seinem geschäftlichen Erfolg steht er jetzt ganz groß da.

.GROSSTUN - sich großtun
sich wichtig machen:
Der Sohn von Frau Meier ist Abgeordneter geworden. Da hat sie wieder einmal allen Grund, sich großzutun.

.GRÜN - vom grünen Tisch aus
von der Theorie, vom Schreibtisch, nicht von der Praxis ausgehend (hergeleitet von dem mit grünem Stoff bespannten Verhandlungstisch):
Vieles, was am grünen Tisch aus beschlossen wird, erweist sich in der Praxis als undurchführbar.
- auf keinen grünen Zweig kommen
keinen Erfolg haben, im Leben nicht vorwärtskommen:
Wer allzu ängstlich ist und sich nicht entscheiden kann, wird im Leben auf keinen grünen Zweig kommen.
- dasselbe in grün
fast dasselbe:
Ob die Leute ihr Geld für Vergnügungen oder für anderen Luxus ausgeben, ist doch dasselbe in grün. Sparen will heute niemand mehr.
- sich grün und blau ärgern
sich sehr ärgern:
Über dein unmögliches Benehmen bei der gestrigen Party habe ich mich grün und blau geärgert.

.GRUND - in Grund und Boden
vollständig, völlig, sehr:
Der Kerl ist in Grund und Boden verdorben. -
Als ich hörte, daß die Leute so schlecht von meinem Bruder sprachen, habe ich mich in Grund und Boden geschämt.

.GRÜTZE - Grütze im Kopf haben (starker Ausdruck)
klug sein (Gegenteil: keine Grütze im Kopf haben, dumm sein):
Das ist so leicht, daß es jeder verstehen kann, der auch nur etwas Grütze im Kopf hat.

.GÜRTEL - den Gürtel enger schnallen
Siehe .SCHNALLEN.

.GUT - gut dran sein
Glück haben:
Ich muß mir das Geld für mein Studium selbst verdienen; ich bin nicht so gut dran wie mein Freund, der von seinen Eltern unterstützt wird.
- das kann ja gut werden! (ironisch)
das wird schlimm werden!:
Jetzt sind wir erst drei Tage in Urlaub und haben schon so viel Geld verbraucht. Das kann ja gut werden!
- gut und gern
sicher, bestimmt, gewiß:
Wie alt ist wohl Professor Thiel? - Der ist gut und gern (seine) 70 Jahre alt.
- laß es gut sein!
gib dich damit zufrieden!, laß die Sache vergessen sein!:
Ich bitte Sie vielmals um Entschuldigung. Die Sache ist mir sehr unangenehm.
Lassen Sie es gut sein! Ich weiß schon, daß Sie es nicht böse gemeint haben.
- jm etwas im guten sagen
jm etwas in freundlichem, nicht strafendem oder vorwurfsvollem Ton sagen:
Ich habe den Kindern schon ein paarmal im guten gesagt, sie sollen nicht solchen Lärm machen.
- nichts Gutes im Schilde führen
schlechte Absichten haben:
Ich möchte nur wissen, was diese Jungen immer an unserem Gartenzaun tun. Sie führen sicher nichts Gutes im Schilde.
- das ist zuviel des Guten
das geht über meine Kraft oder meine Geduld:
Dreimal habe ich dir nun schon Geld geliehen. Jetzt willst du schon wieder fünfzig Mark. Das ist nun wirklich zuviel des Guten.

.GÜTE - ach du meine oder **liebe Güte!**
Ausruf des Erstaunens, des leichten Erschreckens:
Ach du meine Güte! Jetzt habe ich doch wieder meinen Wagenschlüssel im Hotel liegenlassen.

.HAAR - sich die Haare (aus)raufen
verzweifelt sein:
Man könnte sich ja die Haare (aus)raufen, wenn man sieht, wie viele Fehler ihr wieder in dieser Übung gemacht habt.
- an einem Haar hängen
sehr unsicher sein, gefährdet sein:
Als man ihn ins Krankenhaus brachte, hing sein Leben wirklich nur noch an einem Haar. Jetzt geht es ihm aber schon wieder besser.
- jm kein Haar krümmen
jm nichts zuleide tun:
Haben Sie keine Angst! Es wird Ihnen kein Haar gekrümmt.
- um ein Haar
fast, beinahe:
Um ein Haar hätte ich die Prüfung nicht bestanden.

- aufs Haar
völlig:
Die Lehrer hatten immer Schwierigkeiten, die Zwillinge zu unterscheiden, denn sie glichen einander aufs Haar.
- sich in den Haaren liegen
Streit haben:
Wegen jeder Kleinigkeit liegen sich die Eheleute in den Haaren.
- mit Haut und Haaren
ganz und gar:
Sie hat sich mit Haut und Haaren ihrem Beruf verschrieben.
- etwas an den Haaren herbeiziehen
etwas sagen, was nur bedingt zu einer Sache gehört und unwichtig oder sogar unrichtig ist:
Dieser Vergleich ist an den Haaren herbeigezogen.
- ein Haar in der Suppe finden
die Nachteile einer Sache entdecken, an einer Sache etwas auszusetzen haben:
Du mußt auch wirklich alles kritisieren. Überall findest du ein Haar in der Suppe.
- kein gutes Haar an jm (etwas) lassen
jn (etwas) schlechtmachen:
Seitdem die Frau von ihrem Mann geschieden ist, läßt sie auch kein gutes Haar mehr an ihm.
- Haare auf den Zähnen haben
sich mit Worten zu wehren wissen, streitsüchtig sein:
Vor meiner Zimmerwirtin mußt du dich in acht nehmen. Die hat Haare auf den Zähnen.

.HABEN - etwas gegen jn haben
jn nicht leiden können:
Ich weiß nicht, was du gegen mich hast. Ich habe dir doch nie etwas zuleide getan.
- etwas für sich haben
Vorteile, Vorzüge haben:
Es hat viel für sich, wenn man in der Stadt wohnt. Trotzdem ziehe ich es vor, auf dem Lande zu leben.
- es in sich haben
stark, gehaltvoll sein:
Dieser Wein hat es in sich. Mehr als drei Glas kann man nicht vertragen.
- das hat nichts auf sich
das ist unbedeutend, unwichtig:
Wie geht es denn Ihrer Frau? Ich habe gehört, sie sei krank. - Nur eine kleine Erkältung, das hat nichts weiter auf sich.
- für etwas nicht zu haben sein
etwas nicht wollen, mögen:
Viele Autofahrer rasen auf der Straße. Für eine solche Raserei bin ich nicht zu haben.
- hab dich nur nicht so!
sei doch nicht so albern, mach dich nicht so wichtig, ziere dich nicht so:
Hab dich nicht so, das kann ja gar nicht weh getan haben.
- da hast du's oder **da haben wir's!** oder **da haben wir die Bescherung!**
jetzt sind die Schwierigkeiten wirklich eingetreten, die man hat vermeiden wollen:
Da haben wir die Bescherung! Jetzt ist die schöne Vase kaputt.
- ein Auge auf jn haben
in jn verliebt sein:
Wir waren nicht erstaunt, als sich Ernst mit Elisabeth verlobt hat. Wir haben schon lange gemerkt, daß er ein Auge auf sie hat.
- noch zu haben sein
ledig sein, unverheiratet sein:

Meine Freundin würde gern heiraten, aber bisher hat sie noch nicht den richtigen Partner gefunden. - Wie wär's denn mit Rudolf? Der ist doch noch zu haben.

.HACKEN - sich die Hacken ablaufen
wegen einer Sache viel herumlaufen (Hacken = Ferse, Absatz am Schuh):
Obwohl sich die Frau die Hacken nach einer Wohnung ablief, dauerte es doch sehr lange, bis sie eine gefunden hatte.

.HAHN - Hahn im Korb sein
die Hauptperson in einer Gesellschaft sein:
Bei jeder Party interessieren sich die Mädchen besonders für Erich; er ist überall Hahn im Korb.
- kein Hahn kräht danach
niemand kümmert sich darum:
Wenn jemand erst mal reich ist, kräht kein Hahn mehr danach, wie er zu dem Geld gekommen ist.

.HAKEN - einen Haken haben
eine Schwierigkeit haben:
Ich möchte übermorgen nach Indien fliegen. Die Sache hat nur noch einen Haken. Mein Paß ist noch nicht in Ordnung.

.HALB - mit halbem Ohr zuhören
unaufmerksam zuhören:
Immer wenn ich dir etwas sage, hörst du nur mit einem halben Ohr hin. Hör doch mal richtig zu.
- ein halber Mensch sein
nicht voll leistungsfähig sein:
Seit dem Tod seiner Frau ist er nur noch ein halber Mensch.
- nichts Halbes und nichts Ganzes
nichts Vollwertiges:
Er will seinen Urlaub wieder zu Hause verbringen. Das ist doch nichts Halbes und nichts Ganzes.

.HALS - sich den Hals brechen
tödlich verunglücken:
Fahr doch etwas vorsichtiger! Bei dem Tempo werden wir uns noch den Hals brechen.
- jm um den Hals fallen
jn umarmen:
Als er ihr das kostbare Geschenk überreichte, fiel sie ihm vor Freude um den Hals.
- einen langen Hals machen
neugierig sein, neugierig schauen:
Als ich mit Peter das erste Mal über die Straße ging, machten die Nachbarinnen einen langen Hals.
- sich jm an den Hals werfen
sich jm aufdrängen:
Sie hat sich ihm so an den Hals geworfen, daß er sie schließlich heiratete.
- jm mit etwas vom Hals bleiben
jn mit einer unangenehmen Sache nicht behelligen:
Bleiben Sie mir nur mit dieser unlauteren Sache vom Hals! Ich will damit nichts zu tun haben.

- sich etwas (jn) vom Hals schaffen
1. Etwas erledigen, was man schon lange hätte tun sollen:
Bevor wir uns einen Wagen kaufen, sollten wir uns erst einmal die Schulden vom Hals schaffen, die uns von der neuen Wohnungseinrichtung geblieben sind.
2. Dafür sorgen, daß man von jm nicht mehr belästigt wird:
Er versuchte mit allen Mitteln, sich den lästigen Handelsvertreter vom Hals zu schaffen.
- jm die Polizei auf den Hals hetzen oder **schicken**
jn bei der Polizei anzeigen:
Wenn der Mann uns nicht endlich in Ruhe läßt, werde ich ihm die Polizei auf den Hals hetzen.
- sich viel auf den Hals laden
viel Arbeit übernehmen:
Die Managerkrankheit hat ihre Ursache darin, daß sich die Menschen heutzutage zu viel auf den Hals laden.
- Hals über Kopf
überstürzt, ohne zu überlegen:
Als er von den Schwierigkeiten in seiner Firma erfuhr, ist er Hals über Kopf von seinem Urlaubsort abgereist.
- zum Hals heraushängen oder **herauswachsen** oder **herauskommen**
zuviel werden, lästig werden:
Seine übertriebene Höflichkeit wächst (oder: *hängt) mir schon lange zum Hals heraus.*
- etwas (jn) auf dem Hals haben
etwas (jn) haben, das (der) eine Belastung ist:
Mein Mann reist dauernd in der Welt herum, und ich habe die ganze Zeit nur die Kinder auf dem Hals.
- mir bleibt das Wort im Hals stecken
1. Siehe .BISSEN.
2. (vor Schreck, Überraschung) nicht sprechen können:
Als ich von dem Konkurs unserer Firma hörte, blieb mir das Wort im Hals stecken. Ich konnte nichts darauf sagen.
- Hals- und Beinbruch!
viel Glück, alles Gute!:
„Hals- und Beinbruch!" wünscht man jemandem, der zum Examen geht.
- den Hals wird's nicht kosten
Siehe .KOSTEN.

.HALTEN - etwas auf sich halten
sich gut benehmen, seine Kleider sauber halten:
Die Frau hält etwas auf sich; sie sieht immer sehr gepflegt aus.
- zu jm halten
jm in allen Schwierigkeiten beistehen:
Auf meinen Freund kann ich mich verlassen. Er hält immer zu mir.
- sich nicht halten können
(beruflich, geschäftlich) nicht bestehen können:
Heute ist die Konkurrenz so groß, daß sich kleine Geschäftsleute kaum mehr halten können.
- viel von etwas (jm) halten
sich von einer Sache großen Erfolg versprechen, jm viel zutrauen, eine gute Meinung von etwas (jm) haben:
Paul ist ganz begeistert von dem Plan, ich dagegen halte nicht viel davon. -
Wir haben von Ihrem ältesten Sohn immer sehr viel gehalten.

- jm etwas zugute halten
mit jm nachsichtig sein:
Wenn der Mann jetzt auch mit dem Gesetz in Konflikt geraten ist, muß man ihm doch zugute halten, daß er bisher ein makelloses Leben geführt hat.

.HAMMER - unter den Hammer kommen
zwangsweise versteigert werden:
Nach dem Tod des Besitzers stellte es sich heraus, daß das Landgut sehr verschuldet war. Jetzt kommt der ganze Besitz unter den Hammer.

.HAND - freie Hand haben
tun können, was man will / was man für richtig hält; freie Verfügung haben:
Die Abteilungsleiter haben weitgehend freie Hand, denn der Chef weiß, daß er sich auf sie verlassen kann.
- mir sind die Hände gebunden
ich kann nicht so handeln, wie ich möchte:
Ich möchte Ihnen gerne helfen. Aber mir sind durch Vorschriften die Hände gebunden.
- eine offene Hand haben
gern geben:
Für Notleidende hat er stets eine offene Hand.
- alle Hände voll zu tun haben
sehr viel Arbeit haben:
Wir hatten alle Hände voll zu tun, bis endlich die Ernte eingebracht war.
- seine Hand im Spiel haben
heimlich beteiligt sein:
Der Minister mußte zurückzutreten. Ich möchte nur wissen, wer alles bei dieser Affäre seine Hand im Spiele hatte.
- Hand an sich legen
Selbstmord begehen:
Als der Geschäftsmann von der Pleite seiner Firma erfuhr, wollte er Hand an sich legen.
- die rechte Hand sein
die Stütze, der vertrauteste Mitarbeiter sein:
Mein Kollege ist die rechte Hand des Chefs:
- die Hand darauf geben oder **etwas in die Hand versprechen**
durch Handschlag die Wahrheit oder das Versprechen bekräftigen:
Ich gebe dir die Hand darauf, daß ich dir das Geld bis Ende des Monats zurückzahlen werde.
- weder Hand noch Fuß haben
keinen Sinn haben, nicht richtig durchdacht sein:
Wenn Sie in dieser Sache etwas unternehmen wollen, muß es Hand und Fuß haben.
Dieser Kaufvertrag hat weder Hand noch Fuß. Er muß neu formuliert werden.
- um die Hand der Tochter anhalten oder **bitten**
um Heiratserlaubnis bitten:
Der Assessor machte bei den Eltern seiner Freundin einen Besuch und bat um die Hand ihrer Tochter.
- in guten Händen sein
in guter Obhut sein, gut verwaltet werden:
Bei Ihnen weiß ich meine Kinder in guten Händen.
- etwas in die Hand nehmen
etwas ausführen, erledigen:
Wissen Sie, welcher Anwalt unsere Angelegenheit in die Hand nehmen könnte?
- jm etwas in die Hände spielen
jm etwas (durch List) zukommen lassen:

Als Angestellter des städtischen Bauamtes konnte er seinem Freund manches Geschäft in die Hände spielen.

- mit beiden Händen zugreifen
sehr gern nehmen:
Als man mir diese Stelle anbot, griff ich natürlich mit beiden Händen zu.

- etwas geht mir gut von der Hand
etwas geht gut vorwärts:
Seitdem ich mehr Ruhe habe, geht mir meine Arbeit besser von der Hand.

- von langer Hand vorbereiten
sehr sorgfältig vorbereiten:
Der gestrige Bankeinbruch ist von langer Hand vorbereitet worden.

- es läßt sich nicht von der Hand weisen
es läßt sich nicht leugnen:
Es läßt sich nicht von der Hand weisen, daß die Fortschritte der Technik viele auch Nachteile für die Gesundheit der Menschen mit sich bringen.

- in festen Händen sein
nicht zu verkaufen, nicht zu vergeben sein:
Ich hätte gern noch diesen Bauplatz zu meinem Grundstück hinzugekauft, aber er ist schon in festen Händen.

- man sieht die Hand vor den Augen nicht
es ist sehr dunkel:
Als ich gestern nach Köln fahren mußte, war der Nebel so dicht, daß man nicht die Hand vor den Augen sehen konnte.

- etwas zur Hand haben
etwas griffbereit haben:
Der Werkzeugschrank ist gut eingerichtet. Alles, was man braucht, hat man gleich zur Hand.

- jn an der Hand haben
jn kennen (, der sich für eine Sache interessiert):
Wenn Sie Ihren Wagen verkaufen wollen, gehen Sie am besten zu Christian Müller. Er hat immer jemanden an der Hand, der für gebrauchte Wagen gute Preise zahlt.

- die Hand für jn (etwas) ins Feuer legen
Siehe .FEUER.

- von der Hand in den Mund leben
Siehe .LEBEN.

.HANDGELENK - etwas aus dem Handgelenk machen oder **schütteln**
etwas leicht, mühelos, ohne Vorbereitung machen:
Für diese Arbeit braucht man Zeit; man kann sie nicht aus dem Handgelenk machen.

.HANDUMDREHEN - im Handumdrehen
sehr schnell, überraschend schnell:
Er war im Handumdrehen mit der Arbeit fertig.

.HANDWERK - jm ins Handwerk pfuschen
etwas tun, was ein anderer (,der es gelernt hat) besser machen kann:
Laß mich das machen und pfusche mir nicht ins Handwerk! Ich habe das schließlich gelernt.

- jm das Handwerk legen
unerlaubte oder schädliche Handlungen unmöglich machen:
Endlich konnte dem Dieb das Handwerk gelegt werden. Jetzt sitzt er für mehrere Monate im Gefängnis.

.HÄNGEN - den Mantel nach dem Wind hängen
sich der augenblicklichen Lage sofort anpassen; sich immer so verhalten oder so denken, wie es erwartet wird:
Wenn eine andere Partei an die Regierung kommt gibt es viele, die gleich ihren Mantel nach dem Wind hängen.
- etwas an den Nagel hängen
etwas aufgeben:
Nach seiner Heirat mit der Fabrikantentochter hängte er seinen Beruf an den Nagel und trat in das Geschäft seines Schwiegervaters ein.
- mit Hängen und Würgen
mit großer Mühe, fast nicht mehr:
Wir hatten so viel Arbeit, daß wir nur mit Hängen und Würgen rechtzeitig fertig werden konnten.

.HANS - Hans (Dampf) in allen Gassen
jd, der überall Bescheid weiß, jd, der sehr rege ist und sich überall auskennt:
Wenn Sie wissen wollen, was in unserer Stadt passiert, dann brauchen Sie nur unsern Fritz zu fragen, der ist hier Hans Dampf in allen Gassen.

.HARKE - jm zeigen, was eine Harke ist (starker Ausdruck)
jn schonungslos belehren, zurechtweisen, drohen:
Wenn du morgen wieder so schlampig arbeitest, dann werde ich dir zeigen, was eine Harke ist.

.HART - es ging hart auf hart
es war ein harter Kampf:
In der Beratung über die neuen Steuergesetze ging es hart auf hart.

.HASE - wissen (sehen), wie der Hase läuft
Bescheid wissen; abwarten, sehen, wie die Dinge sich entwickeln:
Morgen ist die Sitzung des Verwaltungsrats über die neuen Maßnahmen in der Verwallung. Dort werden wir erfahren, wie der Hase läuft.

- mein Name ist Hase
ich weiß von nichts, ich will damit nichts zu tun haben:
Von Umstellungen in unserem Betrieb weiß ich nichts. Mein Name ist Hase.
- da liegt der Hase im Pfeffer
das ist die Schwierigkeit, der entscheidende Fehler:
Du wunderst dich, warum du in der Schule so schlecht bist. Du hast immer nur andere Dinge im Kopf. Da liegt der Hase im Pfeffer

.HAUBE - die Tochter unter die Haube bringen
eine Tochter verheiraten:
Ihr seid doch reich. Da dürfte es doch nicht allzu schwer sein, eure Tochter unter die Haube zu bringen.

.HAUEN - mit jm in dieselbe Kerbe hauen
jn in seiner Meinung unterstützen:
Er unterstützt die Meinung seines Kollegen und haut mit ihm in dieselbe Kerbe.

- jn übers Ohr hauen
jn betrügen, jn übervorteilen:
Bei dem Teppichkauf sind wir schön übers Ohr gehauen worden.

.HAUFEN - einen Plan über den Haufen werfen oder **stoßen**
einen Plan völlig ändern, unmöglich machen:
Das schlechte Werter hat alle unsere Pläne über den Haufen geworfen.
- jn (etwas) über den Haufen fahren
jn umfahren; gegen jn (etwas) fahren, so daß er (es) umfällt:
Das Auto geriet ins Schleudern, fuhr einen Lichtmast über den Haufen und kam erst an einer Hauswand zum Stehen.

.HAUS - auf ihn kann man Häuser bauen
auf ihn kann man sich verlassen:
Fritz wird uns nicht im Stich lassen, auf ihn kann man Häuser bauen.
- jm das Haus einlaufen
jn durch viele Besuche belästigen:
Er hat im Toto viel Geld gewonnen. Jetzt laufen ihm die Vertreter und Bittsteller das Haus ein.
- Einfälle wie ein altes Haus
sonderbare Ideen:
Jetzt will Edith ihren ganzen Schmuck weggeben. Die hat Einfälle wie ein altes Haus.
- altes Haus! (fam)
vertrauliche Anrede unter Freunden:
Na, altes Haus, wie geht's dir?

.HÄUSCHEN - aus dem Häuschen sein
aufgeregt sein:
Seitdem sie weiß, daß ihr früherer Verlobter zu Besuch kommt, ist sie ganz aus dem Häuschen.

.HAUT - mit heiler Haut davonkommen
1. unverletzt bleiben:
Er hatte Glück, denn bei dem Unfall kam er als einziger mit heiler Haut davon.
2. unbestraft bleiben:
Die Polizei machte eine Razzia. Keiner der Schmuggler kam mit heiler Haus davon.
- sich auf die faule Haut legen
nicht arbeiten, nichts tun:
Emil legt sich auf die faule Haut und läßt seine alte Mutter für sich arbeiten.
- es ist, um aus der Haut zu fahren
es ist außerordentlich ärgerlich:
Jede Arbeit, die ich anpacke, mißlingt mir. Es ist, um aus der Haut zu fahren.
- nicht in js Haut stecken wollen
nicht an seiner Stelle sein wollen:
Jetzt ist die Polizei hinter ihm her. Ich möchte nicht in seiner Haut stecken.
- aus seiner Haut nicht herauskönnen
seinen Charakter nicht ändern können, nicht gegen seine Natur handeln können:
Unsere Mutter kann es nicht lassen, sich für uns abzurackern. Sie kann eben nicht aus ihrer Haut heraus.

- seine Haut zu Markte tragen
sich Gefahren aussetzen:
Beschwere du dich doch selber beim Chef. Ich sehe nicht ein, meine Haut für dich zu Markte zu tragen.
- nur Haut und Knochen
ganz abgemagert:
Peter geht es gesundheitlich sehr schlecht; er ist nur noch Haut und Knochen.

.HEBEL - alle Hebel in Bewegung setzen
alle Möglichkeiten ausnutzen, um etwas zu erreichen:
Er hat alle Hebel in Bewegung gesetzt, um diesen Posten zu bekommen.

.HEBEN - einen heben
Alkohol trinken (und mehr als ein Glas):
Sobald Fritz seinen Lohn bekommen hat, hebt er einen.

.HECHT - er ist ein Hecht im Karpfenteich
er ist ein lebenslustiger, heiterer, lebhafter Mensch, der Stimmung und Heiterkeit verbreitet:
Auf jeder Gesellschaft ist Peter der Hecht im Karpfenteich.

.HEHL - aus etwas kein Hehl machen
etwas nicht verschweigen, verheimlichen:
Er hat nie ein Hehl aus seiner armen Herkunft gemacht.

.HEIMLEUCHTEN - jm heimleuchten
jm eine unangenehme Wahrheit sagen, jn grob zurechtweisen:
Wenn er sich nicht bald besser benimmt, werde ich ihm gehörig heimleuchten.

.HEIMZAHLEN - jm etwas heimzahlen
sich an jm für etwas rächen:
Heute habe ich noch nichts gesagt, aber seine Beleidigung werde ich ihm noch heimzahlen.

.HEISS - der Boden wird ihm zu heiß (unter den Füßen)
die Lage wird ihm zu gefährlich:
Dem Betrüger wurde der Boden unter den Füßen zu heiß und verschwand.

.HELFEN - jm auf die Beine helfen oder **auf die Sprünge helfen**
jn aufrichten, jn stärken:
Nach den schweren finanziellen Verlusten standen ihm seine Geschäftsfreunde zur Seite, um seiner Firma wieder auf die Beine zu helfen.
- ich werde dir helfen!
(Drohung) ich werde dich bestrafen!
Wenn du das noch einmal tust, werde ich dir helfen!

.HELLER - keinen roten Heller mehr haben
Keinen Pfennig mehr haben, kein Geld mehr haben:
Als ich vom Einkaufsbummel zurückkam, hatte ich keinen roten Heller mehr.

.HEMD - bis aufs Hemd
bis zum letzten, völlig:
Sie haben ihn bis aufs Hemd ausgebeutet.

.HERAUSGEHEN - aus sich herausgehen
aufgeschlossen, offen sein (Gegenteil: nicht aus sich herausgehen = verschlossen, zurückhaltend sein):
Es ist schwer, seinen Charakter zu verstehen, er geht nicht aus sich heraus.

.HERAUSNEHMEN - sich etwas herausnehmen
etwas tun oder sagen, was man seiner Stellung nach nicht tun sollte, anmaßend sein:
Dieses junge Mädchen nimmt sich aber wirklich etwas viel heraus.

.HERHALTEN - für etwas herhalten müssen
1. Für etwas büßen oder bezahlen müssen:
Heute sind die Kinder sehr früh selbständig, aber wenn sie Geld brauchen, muß doch meist der Vater wieder herhalten.
2. Spott, Witze, Beschimpfungen, Zurechtweisungen über sich ergehen lassen müssen:
Es war gar nicht sein Fehler, aber er mußte für seine Kollegen herhalten.

.HERING - wie die Heringe
dicht zusammengedrängt, einer am anderen (wie Sardinen in der Büchse):
In der Bahn standen wir dichtgedrängt wie die Heringe.

.HERMACHEN - sich über etwas hermachen
1. mit etwas anfangen:
Damit wir die Arbeit möglichst schnell hinter uns haben, wollen wir uns zuerst über den unangenehmsten Teil der Arbeit hermachen.
2. Etwas mit großem Appetit essen:
Er setzte sich an den Tisch und machte sich über das Essen her, daß es eine Freude war.
- viel von sich hermachen
viel Aufsehen erregen:
Wer ist diese Frau eigentlich? Sie macht immer so viel von sich her.

.HERR - den (großen) Herrn spielen
So tun, als ob man ein großer Herr wäre; betonen, daß man der Vorgesetzte ist:
Max spielt immer den großen Herrn, obwohl er in Wirklichkeit ein gewöhnlicher Mensch ist.
- einer Sache Herr werden
mit etwas fertig werden, etwas meistern:
Wir hatten im Kindergarten so viele Kinder, wir konnten ihrer kaum Herr werden.

.HERUMDREHEN - jm die Worte im Mund herumdrehen
die Worte eines anderen ins Gegenteil verkehren:
Das habe ich ja gar nicht gesagt. Wenn man mir so die Worte im Mund herumdreht, verhandle ich nicht weiter.

.HERUMDRÜCKEN - sich um etwas herumdrücken
etwas Unangenehmes umgehen, vermeiden:
Als sie nach ihrem Beruf gefragt wurde, drückte sie sich um eine klare Antwort herum.

.HERUMFÜHREN - jn an der Nase herumführen
jn täuschen:
Sie hat ihre Verlobung gelöst, denn sie wollte sich nicht länger von ihm an der Nase herumführen lassen.

.HERUMREITEN - auf etwas herumreiten
immer wieder das gleiche Thema zur Sprache bringen, etwas immer wieder sagen:
Auch ich bin auch der Meinung, daß man mehr für die Gesundheit tun sollte. Aber man braucht doch nicht täglich auf dem gleichen Thema herumzureiten.

.HERUM TANZEN - jm auf der Nase herum tanzen
mit jm machen, was man will:
Die Filmschauspielerin tanzte dem Regisseur dauernd auf der Nase herum.

.HERUNTER RUTSCHEN - er kann mir den Buckel herunter rutschen (derber Ausdruck)
ich will mit ihm nichts mehr zu tun haben (Ausdruck der Verachtung):
Wenn er mir nicht helfen will, soll er mir den Buckel herunter rutschen.

.HERZ - jn ins Herz schließen
jn gern haben:
Die Großmutter hat ihren ältesten Enkel besonders ins Herz geschlossen.
- etwas auf dem Herzen haben
ein Anliegen haben, einen schwer zu äußernden Wunsch haben:
Warum schaust du so bedrückt drein? Nun komm einmal her und sage mir, was du auf dem Herzen hast.
- jn auf Herz und Nieren prüfen
jn ganz genau prüfen:
Bei der Vorstellung in der Firma hatte ich das Gefühl, daß mich der Direktor auf Herz und Nieren prüfte.
- jm das Herz schwer machen
jn traurig machen, jm Sorgen bereiten:
Unser bevorstehender Abschied macht mir das Herz schwer.
- jm sein Herz ausschütten
jm alles sagen, was einen bedrückt:
Wir haben uns große Sorgen um Karla gemacht. Gestern hat sie mir nun ihr Herz ausgeschüttet und all ihren Kummer erzählt.
- jm etwas ans Herz legen
jm etwas dringend empfehlen:
Der Arzt hat mir dringend ans Herz gelegt, eine längere Kur zu machen.
- etwas liegt mir am Herzen
etwas ist mein besonderer Wunsch:
Ihre unbedachte Äußerung hat meine Tochter sehr traurig gestimmt, und es liegt mir sehr am Herzen, daß Sie deswegen nochmals mit ihr sprechen.
- sich ein Herz fassen
seinen Mut zusammennehmen:
Lange zögerte er, aber schließlich faßte er sich ein Herz und gestand ihr seine Liebe.
- sich etwas zu Herzen nehmen
etwas tief empfinden (und danach handeln):
Er hat sich meine Ermahnungen sehr zu Herzen genommen.

- jm ans Herz gewachsen sein
jm so lieb sein, daß er es nicht entbehren möchte:
Die alten Möbel sind mir so ans Herz gewachsen, daß ich sie nicht weggeben möchte.
- jm fällt das Herz in die Hosen
er bekommt Angst:
Wenn ich an meine morgige Prüfung denke, fällt mir schon jetzt das Herz in die Hosen.
- ein Herz und eine Seele sein
unzertrennlich sein, immer die gleiche Meinung haben:
Die beiden Freundinnen streiten sich nie, sie sind ein Herz und eine Seele.
- jm aus dem Herzen sprechen
so sprechen, wie es der andere auch täte:
Ein Freund des Hauses hielt die Festrede zu Ehren des Jubilars. Er hat uns allen aus dem Herzen gesprochen.
- mit halbem Herzen bei einer Sache sein
mit wenig Interesse etwas tun:
Wenn ich zu wenig Geld für eine Arbeit bekomme, bin ich nur mit halbem Herzen dabei.
- seinem Herzen einen Stoß geben
sich schwer zu etwas entschließen:
Gib deinem Herzen einen Stoß und versöhne dich mit deinem alten Freund!
- das Herz auf der Zunge haben oder **tragen**
jedem alles erzählen, seine Gefühle offen aussprechen:
Es ist nicht immer gut, das Herz auf der Zunge zu haben. Ein altes Sprichwort sagt: Reden ist Silber, Schweigen ist Gold.
- seinem Herzen Luft machen
sagen, was einen ärgert oder bedrückt:
Bei der gestrigen Unterredung mit dem Chef habe ich meinem Herzen Luft gemacht und mit ihm über die Mißstände in unserem Betrieb gesprochen.
- aus seinem Herzen keine Mördergrube machen
offen von einer Sache sprechen:
Sie machte aus ihrem Herzen keine Mördergrube und gestand mir auch, daß sie schon einmal im Gefängnis gesessen hatte.
- mir fällt ein Stein vom Herzen
Siehe .FALLEN.
- das Herz auf dem rechten Fleck haben
Siehe .FLECK.

.HETZEN - mit allen Hunden gehetzt sein
überaus listig, schlau sein:
Dieser Betrüger ist mit allen Hunden gehetzt; so schnell wird ihm der Anklagevertreter nichts nachweisen können.

.HEU - er hat Geld wie Heu
er hat sehr viel Geld:
Viele junge Mädchen träumen von einem Mann, der Geld wie Heu hat.

.HEULEN - mit den Wölfen muß man heulen
es hat keinen Zweck, sich der Mehrheit entgegenzustellen:
Warum wollen Sie gegen den Beschluß opponieren? Man muß mit den Wölfen heulen.

.HEUTE - von heute auf morgen
sehr schnell, ohne rechte Überlegung:
Eine solche Arbeit kann man nicht von heute auf morgen machen; man muß schon Zeit dazu haben.

.HIMMEL - den Himmel auf Erden haben
ein schönes Leben haben:
Ich verstehe nicht, daß deine Frau unzufrieden ist. Sie hat doch wirklich den Himmel auf Erden.
- (wie) im siebenten Himmel sein
überglücklich sein:
Seitdem sie verheiratet sind, leben sie wie im siebenten Himmel.
- ihm hängt der Himmel voller Geigen
er ist überglücklich:
Einem Brautpaar hängt der Himmel voller Geigen.
- jn in den Himmel heben
jn übermäßig loben:
Ich habe kein Vertrauen zu ihm, und wenn Sie ihn auch noch so sehr in den Himmel heben.
- Himmel und Hölle in Bewegung setzen
alles versuchen, um etwas zu erreichen:
Wenn Sie in Ihrer Gerichtssache noch etwas erreichen wollen, müssen Sie jetzt Himmel und Hölle in Bewegung setzen.
- er lügt das Blaue vom Himmel herunter
Siehe .LÜGEN.

.HINAUS WOLLEN - hoch hinaus wollen
sehr ehrgeizig sein, möglichst viel erreichen wollen:
Mein Bruder will in die Politik gehen. Ich habe den Eindruck, daß er noch hoch hinaus will.

.HINEINFRESSEN - den Ärger in sich hineinfressen
den Ärger unterdrücken:
Friß den Ärger nicht in dich hinein! Sprich dich einmal mit deinem Mann aus!

.HINEINKNIEN - sich in eine Sache hineinknien
sich mit einer Sache gründlich beschäftigen:
Bis ich mein Examen machen kann, muß ich mich noch sehr in die Arbeit hineinknien.

.HINTERBEIN - sich auf die Hinterbeine setzen oder **stellen**
sich bemühen, sich anstrengen:
Wenn sie in die nächste Klasse versetzt werden will, dann muß sie sich noch sehr auf die Hinterbeine setzen.

.HINTERN - er setzte sich auf den Hintern
er war sehr verblüfft (der Hintere, Hinterste, Hintern = das Gesäß):
Als wir die Nachricht erhielten, daß wir eine Weltreise gewonnen hatten, setzten wir uns vor Überraschung auf den Hintern.

.HINTERTREFFEN - ins Hintertreffen geraten
benachteiligt werden:
Ein Wissenschaftler muß sich laufend mit den neuesten Ergebnissen der Forschung vertraut machen, um seinen Kollegen gegenüber nicht ins Hintertreffen zu geraten.

.HINUNTERSCHLUCKEN - man muß viel oder **manches hinunterschlucken**

man muß sich viel oder manches gefallen lassen, man muß viel oder manches widerspruchslos hinnehmen:

Im politischen Leben muß man manches hinunterschlucken, wenn man die Nerven behalten will.

- ich schlucke es lieber hinunter

ich sage es lieber nicht:

Ich wollte ihm auf seine Beleidigung etwas entgegnen, aber ich habe es lieber hinuntergeschluckt.

.HINWEGSEHEN - über etwas hinwegsehen

etwas absichtlich nicht beachten:

Wenn du mit deinem Mann gut auskommen willst, mußt du über seine Fehler hinwegsehen.

.HINWEGSETZEN - sich über etwas hinwegsetzen

etwas außer acht lassen:

Er setzte sich über alle Warnungen hinweg und nahm den gefährlichsten Weg zum Berggipfel.

.HINZ - Hinz und Kunz

jedermann, jeder beliebige (Abkürzung von ,,Heinrich" und ,,Konrad"):

Früher war „Die alte Klause" ein vornehmes Restaurant. Heute verkehrt dort Hinz und Kunz.

.HIRNVERBRANNT - eine hirnverbrannte Idee (derber Ausdruck)

eine verrückte, dumme Idee:

Wie bist du nur auf diese hirnverbrannte Idee gekommen, dein Haus zu verkaufen?

.HOCH - jm etwas hoch und heilig versprechen

jm etwas fest versprechen:

Ich bin sehr enttäuscht von dir, du hattest mir doch hoch und heilig versprochen, nicht mehr so viel zu trinken.

- das ist mir zu hoch

das verstehe ich nicht:

Ich konnte den Ausführungen des Vortragenden nicht folgen, mir war das Thema zu hoch.

- es ist höchste Eisenbahn

es ist höchste Zeit:

Nun mußt du aber schnell zur Schule gehen, es ist schon höchste Eisenbahn.

- den Kopf oder **die Nase hoch tragen**

stolz sein:

Seine großen Erfolge ließen ihn mit Recht den Kopf hoch tragen.

.HÖHE - nicht ganz auf der Höhe sein

nicht voll leistungsfähig sein, sich körperlich nicht ganz wohl fühlen, kränklich sein:

Ich glaube, ich habe mich erkältet. Jedenfalls bin ich heute nicht ganz auf der Höhe.

- das ist doch die Höhe!

das ist eine Unverschämtheit!:

Was erlaubt er sich nur für Frechheiten. Das ist doch die Höhe!

.HÖHLE - sich in die Höhle des Löwen begeben oder **wagen**

direkt zum Chef gehen, sich in eine gefährliche Situation begeben:

Ich muß heute wegen meines Sonderurlaubs, den ich beantragt habe, in die Höhle des Löwen.

.HÖLLE - jm das Leben zur Hölle machen
jm das Leben sehr schwer machen:
Der Mann machte seiner armen Frau das Leben zur Hölle.
- dort war die Hölle los
dort war viel Lärm oder Aufregung:
In dem Bierlokal gerieten zwei Betrunkene in eine Schlägerei. Als die Polizei eintraf, war dort die Hölle los.
- jm die Hölle heiß machen
jn bedrängen:
Wir haben ihm die Hölle heiß gemacht, damit er seine Schulden bezahlt.

.HONIG - jm Honig um den Mund oder **ums Maul schmieren** (derber Ausdruck)
jm schmeicheln:
Du wirst bei unserem Chef nichts erreichen, wenn du ihm auch noch soviel Honig um den Mund schmierst.

.HOPFEN - da ist Hopfen und Malz verloren
da ist alle Mühe vergeblich, da ist nichts mehr zu bessern:
Seine Mutter versuchte, ihn durch Zureden zu einem ordentlichen Leben zurückzuführen, aber da (oder *bei ihm) war Hopfen und Malz verloren.*

.HÖREN - das läßt sich hören
das ist annehmbar:
Für alle älteren Angestellten ist eine Gehaltserhöhung vorgesehen? Das läßt sich hören!
- lassen Sie mal etwas von sich hören
geben Sie mir einmal Nachricht (, wie es Ihnen geht):
Ich würde mich sehr freuen, wenn Sie bei Gelegenheit mal wieder etwas von sich hören ließen.

.HORIZONT - das geht über meinen Horizont
das verstehe ich nicht:
Von Atomphysik verstehe ich nichts, das geht über meinen Horizont.

.HORN - sich noch die Hörner ablaufen
durch Schaden klug werden:
Junge Menschen müssen sich erst einmal die Hörner ablaufen, bevor sie vernünftig werden.

- in das gleiche Horn stoßen
mit jm gleicher Meinung sein:
Ursula und Inge sind immer einer Meinung. Wenn Ursula einen Wunsch hat, stößt Inge bestimmt in das gleiche Horn.

.HOSE, HOSENBODEN - seine Frau hat die Hosen an
seine Frau regiert zu Hause:
Unter seinen Kollegen ist er als rechthaberisch verschrien, aber zu Hause hat seine Frau die Hosen an.
- sich auf den Hosenboden setzen
fleißig lernen:
Wenn du in die nächste Klasse versetzt werden willst, mußt du dich aber noch ganz gehörig auf den Hosenboden setzen.

- jm die Hose oder **den Hosenboden stramm ziehen**
jn züchtigen, durch Schläge strafen:
Bei manchen Kindern ist es wirklich angebracht, ihnen von Zeit zu Zeit die Hosen (oder *den Hosenboden) stramm zu ziehen.*
- das Herz fiel ihm in die Hose
er verlor den Mut:
Als er einen Kopfsprung ins Wasser machen sollte, fiel ihm vor Angst das Herz in die Hose.
- (sich) fast in die Hosen machen (derber Ausdruck)
große Angst bekommen:
Als der Junge plötzlich den großen Hund vor sich sah, machte er sich fast in die Hosen.

.HUHN - mit jm ein Hühnchen rupfen
jn zur Rede stellen:
Wegen ihrer Behauptungen werde ich mit ihr noch ein Hühnchen rupfen.

.HÜHNERAUGE - jm auf die Hühneraugen treten
jm zu nahe treten, jn kränken, jn verstimmen:
Anscheinend habe ich ihm auf die Hühneraugen getreten, denn er ist sehr böse auf mich.
.HÜLLE - in Hülle und Fülle
in großen Mengen, sehr viel:
Nach einem regenreichen Frühjahr gibt es Obst in Hülle und Fülle.

.HUND - wie Hund und Katze leben oder **sich vertragen**
in ständigem Unfrieden leben:
Die große Liebe der beiden Eheleute war sehr schnell vorbei. Heute leben sie wie Hund und Katze.
- er ist bekannt wie ein bunter oder **scheckiger Hund**
er ist sehr bekannt:
Auf dem Spaziergang habe ich viele Bekannte getroffen, denn in meinem Heimatort bin ich bekannt wie ein bunter Hund.
- damit lockt man keinen Hund hinterm Ofen hervor
das ist völlig reizlos, uninteressant:
Die Firma macht miese Angebote, damit lockt sie keinen Hund hinterm Ofen hervor.
- das ist ein dicker Hund
das ist eine unangenehme Sache, ein schwerer Fehler:
In unserer letzten Monatsabrechnung habe ich einen dicken Hund gefunden.
- da liegt der Hund begraben
das ist der wahre Grund:
Nicht weil es zu schwer war, bist du durch die Prüfung gefallen, sondern weil du das ganze Jahr zu faul warst. Da liegt der Hund begraben.
- auf den Hund kommen
herunterkommen, in eine schlechte Lage kommen:
Er ist mit seiner Gesundheit ganz auf den Hund gekommen.
- vor die Hunde gehen
(im Elend) zugrunde gehen:
Wir müssen dem jungen Mann helfen, bevor er ganz vor die Hunde geht.

.HUNDERT - vom Hundertsten ins Tausendste kommen
nicht beim Thema bleiben; vom Thema abkommen:
Die Versammlung zog sich länger hin, als vorgesehen; denn die Redner kamen immer vom Hundertsten ins Tausendste.
.HUT - Hut ab vor jm (etwas)
jd (etwas) ist bewundernswert:

Herr Müller hat sich vom einfachen Angestellten zum Abteilungsleiter hochgearbeitet. Da kann man nur sagen: Hut ab vor diesem Mann!

- vieles unter einen Hut bringen

viele Dinge zusammenfassen:

Man hat es nicht leicht, die verschiedenen Wünsche der Familienangehörigen unter einen Hut zu bringen.

- sich etwas an den Hut stecken

etwas behalten:

Von diesem Menschen nehme ich kein Geschenk. Das kann er sich an den Hut stecken.

.HÜTEN - das Haus hüten

zu Haus bleiben:

Meine Eltern gehen heute abend zu einer Party, ich aber muß das Haus hüten.

- das Bett hüten

(wegen einer Krankheit) im Bett bleiben müssen:

Da mein Sohn an Grippe erkrankt ist, muß er auf ärztlichen Rat eine Woche lang das Bett hüten.

.HUTSCHNUR - das geht mir über die Hutschnur

das ist zuviel für mich:

Ich habe für vieles Verständnis, aber dein gestriges Benehmen geht mir denn doch über die Hutschnur.

.IDEE - eine Idee

ein bißchen, ein wenig:

Bitte, machen Sie die Hose noch etwas kürzer, sie ist eine Idee zu lang.

.JA - zu etwas ja und amen sagen

mit etwas resignierend einverstanden sein, seine Zustimmung zu etwas geben:

Sein Vater war mit der Berufswahl seiner Tochter zuerst gar nicht einverstanden, aber dann hat er doch ja und amen dazu gesagt.

.JACKE - es ist Jacke wie Hose

es ist ganz gleich, es ist einerlei:

Ob er uns hilft oder nicht, ist Jacke wie Hose. Wir werden mit der Arbeit auch allein fertig.

.JAGEN - jm mit etwas jagen können

etwas absolut nicht mögen:

Ich mag keine Muscheln. Damit kannst du mich jagen.

.JAHR - seit Jahr und Tag

seit langer Zeit:

Seit Jahr und Tag gehen die Verhandlungen, und immer noch ist kein Ende abzusehen.

- in den besten Jahren sein

auf der Höhe des Schaffens sein:

Er war in den besten Jahren, als er seinen folgenschweren Unfall hatte.

.JUBELJAHR - alle Jubeljahre

sehr selten, nicht oft:

Wie geht es denn unserem Freund Helmut? Ich sehe ihn nur alle Jubeljahre.

.JUCKEN - es juckt mir in den Fingern

es reizt mich:

Es juckt mir schon lange in den Fingern, dir für deine Unverschämtheiten eine runterzuhauen.

- dir oder **dich juckt wohl das Fell?** (starker Ausdruck) du möchtest wohl Schläge haben?:

Ich habe dir doch schon wiederholt verboten, beim Nachbarn Äpfel zu stehlen. Dir juckt wohl das Fell, daß du es immer wieder tust.

.JUNG - junges Gemüse
junge Leute:

So eine Faschingsparty ist etwas für junges Gemüse.

.JUNGE - ein schwerer Junge
ein Verbrecher:

Die Polizei hat gestern einen schweren Jungen festgenommen.

.KAKAO - jn durch den Kakao ziehen
jn bei anderen Leuten lächerlich machen, jn verspotten:

Was fällt dir ein, mich vor allen Leuten durch den Kakao zu ziehen ?

.KALT - es läßt mich kalt
es ist mir gleichgültig:

Ihre Trauer um den verstorbenen Sohn ließ ihn völlig kalt.

.KAMM - alle(s) über einen Kamm scheren
alle(s) gleich behandeln:

Wenn du auch mit vielen Menschen schlechte Erfahrungen gemacht hast, so darfst du doch nicht alle über einen Kamm scheren.

.KANDARE - jn an die Kandare nehmen
jn streng behandeln:

Wenn man den Jungen nicht ständig an die Kandare nimmt, läßt er sofort in seinen Leistungen nach.

.KANONE - er ist eine große Kanone
er ist sehr tüchtig:

In Leichtathletik ist er eine große Kanone.

- unter aller Kanone (starker Ausdruck)
sehr schlecht:

Der gestrige Film war wirklich unter aller Kanone.

.KANTE - etwas auf die hohe Kante legen
sparen:

Sehr viele Menschen haben durch den Krieg alles verloren, was sie auf die hohe Kante gelegt hatten.

.KAPÉE - schwer von Kapée sein (starker Ausdruck)
schwer begreifen (können), nur langsam verstehen:

Hast du noch immer nicht begriffen, welches Ziel er verfolgt? Bist du aber schwer von Kapée!

.KAPPE - etwas auf seine (eigene) Kappe nehmen
etwas voll verantworten:

Ich sehe nicht ein, warum ich alles auf meine Kappe nehmen soll.

.KARRE - jn vor seinen Karren spannen
jn für seine Interessen arbeiten lassen:

Der soll seine Interessen gefälligst selbst wahrnehmen. Ich lasse mich von ihm nicht dauernd vor seinen Karren spannen.

- die Karre aus dem Dreck ziehen (starker Ausdruck)
die Situation retten, die Sache in Ordnung bringen:
Es wird sehr mühsam sein, die Karre wieder aus dem Dreck zu ziehen.

.KARTE - die Karten offen hinlegen oder **aufdecken**
seine Absichten offen sagen:
Es war unser Ziel, möglichst schnell zu einem Ergebnis zu kommen, so legten wir von Anfang an die Karten offen hin.

- mit offenen Karten spielen
offen handeln:
Von anderen erwartete er, daß sie mit offenen Karten spielen, aber er hielt alle seine Pläne geheim.

- sich nicht in die Karten sehen oder **gucken lassen**
seine Lage oder seine Absichten geheimhalten:
Unser Anwalt verstand es, sich während des ganzen Prozesses nicht in die Karten gucken zu lassen.

- alles auf eine Karte setzen
mit allen Mitteln ein Entscheidung herbeiführen wollen, seine ganze Kraft einsetzen:
Die Mannschaft setzte alles auf eine Karte und gewann schließlich das Spiel.

- auf die falsche Karte setzen
die falsche Entscheidung treffen:
Das miserable Ergebnis zeigte, daß wir auf die falsche Karte gesetzt hatten.

.KASTANIEN - für jn die Kastanien aus dem Feuer holen
jm eine Unannehmlichkeit abnehmen:
Er soll doch seine Klage selbst vorbringen. Warum soll ich immer für ihn die Kastanien aus dem Feuer holen.

.KATZE - für die Katz
vergeblich:
Wochenlang haben wir dafür gearbeitet, und nun ist die ganze Arbeit für die Katz.

- die Katze im Sack kaufen
etwas kaufen, ohne es gesehen zu haben:
Prüfen Sie genau, was Sie kaufen, kaufen Sie nicht die Katze im Sack.

- die Katze aus dem Sack lassen
ein Geheimnis bekanntgeben:
Es war eine unüberlegte Äußerung von ihm. Aber damit hatte er die Katze aus dem Sack gelassen. Jetzt wissen wir alles.

- wie die Katze um den heißen Brei herumgehen
sich an das eigentliche Thema nicht heranwagen:
Geh doch nicht wie die Katze um den heißen Brei herum, sondern sag endlich, was du eigentlich willst.

.KAUF - etwas (mit) in Kauf nehmen
etwas als unvermeidlich hinnehmen:
Wir waren mit dem Verlauf unserer Reise sehr zufrieden, bis auf einige kleine Unannehmlichkeiten, die wir aber gern (mit) in Kauf genommen haben.

.KEGEL - mit Kind und Kegel
mit der ganzen Familie:
Sie gingen am Sonntag mit Kind und Kegel in den Zoo.

.KEHLE - etwas in die falsche Kehle kriegen
etwas mißverstehen und verärgert sein:
Ich glaube, daß der Chef deine Kritik in die falsche Kehle gekriegt hat.
- sich die Kehle aus dem Hals schreien
sehr laut und lange schreien müssen:
Wenn ich dich rufen will, muß ich mir jedesmal die Kehle aus dem Hals schreien.

.KEIM - etwas im Keim ersticken
etwas im Entstehen unterdrücken, etwas schon bei den ersten Anzeichen unterbinden, verhindern:
Jeder Widerstand der Opposition wurde schon im Keim erstickt.

.KERBHOLZ - etwas auf dem Kerbholz haben
etwas verbrochen haben:
Da der Angeklagte schon einiges auf dem Kerbholz hatte, wurde er zu einer längeren Gefängnisstrafe verurteilt.

.KIND - sich Lieb Kind bei jm machen
sich bei jm einschmeicheln (um dadurch Vorteile zu erlangen):
Er versteht es, sich beim Chef lieb Kind zu machen.
- wir werden das Kind schon schaukeln (stärker fam)
wir werden die Angelegenheit schon in Ordnung bringen:
Mach dir wegen der Rüge des Chefs keine Sorgen, wir werden das Kind schon schaukeln und mit ihm sprechen und ihm alles genau erklären.

.KINDERSCHUH - noch in den Kinderschuhen stecken
noch in den Anfängen sein:
Ich kann darüber noch kein endgültiges Urteil abgeben, die ganze Sache steckt noch zu sehr in den Kinderschuhen.

.KIRCHE - die Kirche im Dorf lassen
nicht übertreiben, vernünftig und maßvoll handeln:
Ich glaube, wir sollten auf der Sitzung keine zu hohen Forderungen stellen, sondern die Kirche im Dorf lassen.

.KIRCHENMAUS - arm wie eine Kirchenmaus sein
sehr arm sein:
Sie ist immer schick gekleidet, dabei ist sie arm wie eine Kirchenmaus.

.KIRSCHEN - mit ihm ist nicht gut Kirschen essen
mit ihm kann man nicht gut auskommen:
Es ist schon besser, ihm den Gefallen zu tun; denn du weißt ja, mit großen Herren ist nicht gut Kirschen essen.

.KLAPPE - die Klappe halten (starker Ausdruck)
den Mund halten, still sein:
Halt doch wenigstens während der Ansprache die Klappe.

- er hat eine große Klappe (starker Ausdruck)
er prahlt viel, er ist vorlaut:
Je weniger jemand zu sagen hat, eine um so größere Klappe hat er.

.KLAPPEN - es wird schon klappen
es wird schon gelingen:
Ich habe mich um eine Stelle beworben, und ich hoffe, daß es klappen wird.
- zum Klappen kommen
zur Entscheidung kommen:
Ich hoffe, daß auf der nächsten Sitzung die Angelegenheit zum Klappen kommt.
.KLAPS - er hat einen Klaps
er ist geistig nicht ganz normal:
Wenn man ihn so reden hört, kann man meinen, er hat einen Klaps.

.KLAR - jm klaren Wein einschenken
jm etwas ganz offen sagen:
Es hat keinen Zweck, ihm Hoffnungen zu machen; wir wollen ihm lieber klaren Wein einschenken.
- das ist doch klar (wie Kloßbrühe)
das ist doch selbstverständlich:
Das ist doch klar (wie Kloßbrühe), daß ich mir den Krimi ansehe.

.KLEBEN - jm eine kleben (starker Ausdruck)
jm eine Ohrfeige geben:
Für seine freche Antwort habe ich ihm eine geklebt.

.KLEE - jn über den grünen Klee loben
jn (etwas) übermäßig loben:
Der Film muß toll sein. Mein Freund hat ihn jedenfalls über den grünen Klee gelobt.

.KLEIN - ganz klein (und häßlich) werden
seinen Widerstand aufgeben:
Sobald man ihm energisch entgegentritt, wird er ganz klein (und häßlich).
- klein beigeben
nachgeben, sich fügen:
Es blieb uns nichts anderes übrig, als klein beizugeben.
- etwas Kleines bekommen (erwarten)
ein Kind bekommen (erwarten):
Hast du schon gehört, daß Eva etwas Kleines bekommt (erwartet)?

.KLEINKRIEGEN - jn kleinkriegen
jn gefügig machen:
Es war nicht leicht, unsere Gegner kleinzukriegen.

.KLEINVIEH - Kleinvieh macht auch Mist
viele kleine Gewinne sind auch ein Erfolg:
An den Postkarten verdient der Händler nicht viel, aber Kleinvieh macht ja auch Mist.

.KLIPP - klipp und klar
1. völlig klar:
Gestern habe ich die Problem noch nicht verstanden, aber heute ist alles klipp und klar.
2. offen, ganz ehrlich:
Es bleibt uns nichts anderes übrig, als ihm klipp und klar unsere Ansicht zu sagen.

.KLOTZ - ein Klotz am Bein sein
hinderlich sein:
Seine Familie ist ihm ein Klotz am Bein.

.KLUG - aus einer Sache (nicht) klug werden
eine Sache (nicht) verstehen:
Die Bedingungen im Versicherungsvertrags sind derart kompliziert, daß es für unsereinen schwer ist, daraus klug zu werden.

.KNACKER - er ist ein alter Knacker
er ist ein alter, gebrechlicher Mensch:
Du kannst von ihm keine sportlichen Leistungen mehr erwarten, er ist doch schon ein alter Knacker.

.KNACKS - einen Knacks bekommen
einen (dauernden gesundheitlichen) Schaden erleiden:
Durch seinen Autounfall hat er einen Knacks bekommen.

.KNALL - Knall und Fall
sofort, ohne weiteres:
Als der Betrug bekannt wurde, wurde der Mitarbeiter Knall und Fall entlassen.
- einen Knall haben (starker Ausdruck)
verrückt sein:
Die hat ja'n Knall. Sie bildet sich ein, eine gute Figur zu haben und will unbedingt Mannequin werden.

.KNALLEN - jm eine knallen (starker Ausdruck)
jm eine Ohrfeige geben:
Er hat mich so sehr geärgert, daß ich ihm sofort eine knallte.

.KNICKEN - ganz geknickt sein
ganz niedergeschlagen, enttäuscht sein:
Alle seine Hoffnungen haben sich zerschlagen. Er ist jetzt ganz geknickt.

.KNIE - jn in die Knie zwingen
jn überwinden:
Nach einem harten Kampf zwang er seinen Gegner in die Knie.
- etwas übers Knie brechen
in einer Sache zu eilig handeln:

Die Angelegenheit ist viel zu wichtig, als daß wir sie übers Knie brechen dürfen.
- jn übers Knie legen
jn schlagen:
Für die schlechte Zensur legte der Vater seinen Sohn übers Knie.

.KNÜPPEL - jm (einen) Knüppel zwischen die Beine werfen
jm Schwierigkeiten machen:
Wie kann ich denn im Beruf Erfolg haben, wenn man mir dauernd Knüppel zwischen die Beine wirft.

.KOCHEN - hier wird auch nur mit Wasser gekocht
hier kann auch nichts Unmögliches getan werden:
Warum sollten wir das Spiel nicht gewinnen? Die anderen kochen doch auch nur mit Wasser.
- es kocht in mir oder **bei mir kocht's**
ich bin überaus wütend:
Wenn ich an diesen gemeinen Kerl nur denke, kocht's bei mir.

.KOHL - alten Kohl wieder aufwärmen
eine längst vergessene Sache wieder zur Sprache bringen:
Wir haben das Problem doch schon längst gelöst.. Warum denn immer wieder diesen alten Kohl aufwärmen?
- Kohl reden
Unsinn reden:
Du hast wirklich nichts versäumt. Der Meier hat wieder seinen üblichen Kohl geredet.

.KOHLDAMPF - Kohldampf haben oder **schieben**
hungern, großen Hunger haben:
Im Krieg hatten wir wenig zu essen und mußten oft Kohldampf schieben.

.KOHLE - wie auf (glühenden) Kohlen sitzen
in einer unangenehmen Lage sein, ungeduldig sein:
Der Vortrag dauerte viel zu lange, ich saß wie auf (glühenden) Kohlen, denn ich wollte noch den letzten Bus kriegen.

KOMMEN - wie kommt er darauf?
welche Gedanken haben ihn dazu gebracht?:
Wie kommt er nur darauf, daß ich seine Pläne durchkreuzt hätte?
- das kommt auf eins (he)raus
das ist gleich:
Ob du mit dem Zug oder mit dem Autobus fährst, das kommt auf eins raus
- um sein Geld kommen
sein Geld verlieren:
In der Spielbank ist er um sein ganzes Geld gekommen.
- das kommt davon
das ist der Grund, da hast du es:
Jetzt hast du all dein Geld verloren. Das kommt davon, wenn man den Leuten zu viel Vertrauen schenkt!

- wie komme ich dazu?
warum soll gerade ich das machen?:
Wie komme ich dazu, die Wohnung aufzuräumen? Ich bin doch hier Gast.
- wieder zu sich kommen
das Bewußtsein wiedererlangen:
Nach kurzer Ohnmacht kam sie wieder zu sich.
- das durfte nicht kommen
das hätte nicht geschehen dürfen:
Das durfte nicht kommen! Der Fluglotsenstreik hat alle meine Urlaubspläne zunichte gemacht.
- ich lasse auf ihn nichts kommen
ich verteidige ihn, ich nehme ihn in Schutz:
Ich kenne ihn schon seit langem als einen anständigen Kerl und lasse nichts auf ihn kommen.

.KONZEPT - aus dem Konzept bringen (kommen)
in Verwirrung bringen (geraten), vom Thema abbringen (abkommen):
Die ständigen Zurufe haben den Redner aus dem Konzept gebracht. -
Der Redner war wenig vorbereitet und kam dauernd aus dem Konzept.

.KOPF - jm etwas auf den Kopf zusagen
jm etwas direkt, ohne Umschweife sagen:
Als ihm der Richter sein Vergehen auf den Kopf zusagte, ließ sich der Angeklagte endlich zu einem Geständnis herbei.
- etwas will mir nicht aus dem Kopf
ich muß immer an etwas denken:
Seine Abschiedsworte wollen mir nicht aus dem Kopf.
- sich etwas in den Kopf setzen
einen Plan unbedingt durchführen wollen:
Wenn er sich etwas in den Kopf gesetzt hat, läßt er sich durch nichts davon abbringen.
- sich den Kopf zerbrechen oder **zermartern**
angestrengt nachdenken:
Wir haben uns lange genug den Kopf zerbrochen, um des Rätsels Lösung zu finden.
- jm den Kopf waschen
jm gründlich die Meinung sagen:
Wegen seines ungebührlichen Verhaltens wurde ihm von seinem Vorgesetzten der Kopf gewaschen.
- ich wußte vor lauter Arbeit nicht, wo mir der Kopf stand
ich hatte so viel Arbeit, daß ich ganz verwirrt wurde:
Ich habe einige turbulente Wochen hinter mir; ich wußte vor lauter Arbeit oft nicht, wo mir der Kopf stand.
- den Kopf verlieren
mutlos werden:
Selbst in größter Gefahr darf man nicht den Kopf verlieren.
- seinen Kopf durchsetzen
seinen Willen erzwingen:
Du mußt auch auf andere Rücksicht nehmen und nicht versuchen, deinen Kopf durchzusetzen.
- seinen Kopf für sich haben
eigenwillig sein:
Kinder haben gern ihren Kopf für sich.

- jm den Kopf zurechtsetzen
jm die Meinung sagen, um ihn wieder zur Vernunft zu bringen:
Der Vater hat seinem Jungen wegen seiner Streiche den Kopf zurechtgesetzt.
- den Kopf voll haben
an viele Dinge denken müssen, Sorgen haben:
Woran soll ich denn noch denken! Ich habe den Kopf schon so voll.
- es geht um Kopf und Kragen oder **es kann Kopf und Kragen kosten** oder **Kopf und Kragen riskieren.**
man riskiert dabei sein Leben oder seine Stellung:
Bei dem Strafprozeß geht es dem Beschuldigten um Kopf und Kragen.
Bestechungen im Amt können schnell Kopf und Kragen kosten.
Es lohnt sich beim Bergsteigen nicht, Kopf und Kragen zu riskieren
- und wenn du dich auf den Kopf stellst
und wenn du dich noch so sehr bemühst:
Ich erlaube dir nicht, zur Party zu gehen, und wenn du dich auf den Kopf stellst.
- alles auf den Kopf stellen
alles durcheinanderbringen, große Unruhe verbreiten:
Beim Frühjahrsputz stellt meine Frau das ganze Haus auf den Kopf.
- nicht auf den Kopf gefallen sein
nicht dumm sein:
Ich kann gar nicht verstehen, daß er sich so ungeschickt benommen hat, er ist doch sonst nicht auf den Kopf gefallen.
- sich etwas durch den Kopf gehen lassen
sich etwas überlegen, etwas durchdenken:
Ich werde mir Ihren Vorschlag durch den Kopf gehen lassen.
- was man nicht im Kopf hat, muß man in den Beinen haben
wenn man etwas vergißt, muß man zweimal gehen:
Jetzt habe ich meine Handtasche vergessen und muß noch einmal nach Hause zurück; was man nicht im Kopf hat, muß man eben in den Beinen haben.
- mit dem Kopf oder **Schädel durch die Wand wollen** oder **mit dem Kopf gegen die Wand rennen**
starrköpfig sein, etwas Unmögliches erzwingen wollen:
Es ist nicht anzunehmen, daß er nachgibt; er will doch immer mit dem Kopf durch die Wand.
- den Eltern über den Kopf wachsen
den Eltern nicht mehr gehorchen:
Als Kind ließ man ihm immer seinen Willen, und so kam es, daß er seinen Eltern sehr bald über den Kopf wuchs.
- die Hände über dem Kopf zusammenschlagen
vor Überraschung oder Verzweiflung ratlos sein:
Als sie die Nachricht hörte, schlug sie die Hände über dem Kopf zusammen.
- jn vor den Kopf stoßen
jn kränken, gegen jn undankbar sein:
Ich habe es immer gut mit ihm gemeint, und jetzt, da ich seine Hilfe brauche, stößt er mich vor den Kopf.
- wie vor den Kopf geschlagen sein
ganz benommen sein, völlig überrascht oder erschüttert sein:
Als ich vom Tode meines Freundes hörte, war ich wie vor den Kopf geschlagen.

.KOPFZERBRECHEN - Kopfzerbrechen machen
viel Mühe machen, viel Nachdenken verursachen:
Die Lösung dieser Aufgabe hat mir viel Kopfzerbrechen gemacht.
.KORB - einen Korb bekommen
von einem Mädchen abgewiesen werden:

Er machte Inge einen Heiratsantrag, bekam aber von ihr einen Korb.

.KORN - etwas (jn) aufs Korn nehmen
1. eine Sache (jn) mit Worten scharf angreifen:
In der letzten Rede hat er wieder seine alten Gegner aufs Korn genommen.
2. etwas (jn) scharf beobachten:
Die Polizei wird den Verdächtigen jetzt tüchtig aufs Korn nehmen.

.KOSTEN - den Kopf oder **Hals wird's nicht kosten**
es wird nicht so schlimm werden:
Wenn man etwas Unrechtes getan hat, soll man es auch zugeben. Man erleichtert dadurch sein Gewissen, und den Kopf wird's nicht gleich kosten.
- auf seine Kosten kommen
zufrieden sein:
Auf dem letzten Betriebsfest dürfte wohl jeder auf seine Kosten gekommen sein.

.KRACH - Krach schlagen
laut schimpfen:
Wegen der Schlamperei in der Firma hat der Boß einen Riesenkrach geschlagen

- Krach mit jm haben
Streit mit jm haben:
Sie hatte mit ihren Eltern großen Krach, weil sie gestern nacht spät nach Hause gekommen war.

.KRAGEN - mir platzt der Kragen (starker Ausdruck)
ich habe Wut:
Wenn du weiter so spät nach Hause kommst, platzt mir wirklich einmal der Kragen.

.KRAM - jm den Kram vor die Füße werfen (starker Ausdruck)
jm die weitere Mitarbeit versagen:
Am liebsten würde ich ihm den ganzen Kram vor die Füße werfen, denn nichts kann ich recht machen.

.KRANK - sich krank lachen
sehr viel lachen:
Der Film war sehr lustig, ich habe mich krank gelacht.

.KRAUT - wie Kraut und Rüben
wirr durcheinander:
Auf seinem Schreibtisch liegt alles wie Kraut und Rüben herum.

.KREIDE - bei jm in der Kreide stehen
bei jm Schulden haben:
Wir stehen beim Wirt noch mit 50 Euro in der Kreide.

.KREIS - weite Kreise ziehen
großen Umfang annehmen:
Anfangs ahnte niemand, daß dieser Skandal so weite Kreise ziehen würde.
- sich im Kreise drehen
immer auf das gleiche Ergebnis hinauskommen:
Was auch passiert, die Politik dreht sich im Kreise.

.KREUZ - jn aufs Kreuz legen
jn betrügen:
Der Händler hat mich mit diesem Gebrauchtwagen gehörig aufs Kreuz gelegt.
- drei Kreuze hinter jemandem (etwas) machen
glücklich sein, wenn jemand fort ist (wenn etwas überstanden ist):
Wenn sie endlich fort sind, werde ich drei Kreuze hinter ihnen machen. -
Wenn ich diese Prüfung hinter mir habe, mache ich drei Kreuze.

.KRIEGEN - du kriegst es mit mir zu tun
ich werde dir meine Meinung sagen:
Wenn du weiterhin so ungezogen bist, wirst du es mit mir zu tun kriegen.

.KRIEGSBEIL - das Kriegsbeil begraben
den Streit beenden:
Nachdem sie sich jahrelang In Feindschaft gelebt hatten, begruben sie jetzt endlich das Kriegsbeil und versöhnten sich.

.KRIEGSBEMALUNG - in voller Kriegsbemalung
mit allen Orden und Ehrenzeichen:
Alle Minister und Botschafter sind zum Staatsempfang in voller Kriegsbemalung erschienen.

.KRIEGSFUSS - mit jm auf dem Kriegsfuß stehen
sich ständig mit jm streiten:
Er war noch nicht lange im Betrieb, da stand er schon mit allen auf dem Kriegsfuß.

.KRITIK - unter aller Kritik
sehr schlecht:
Sein Benehmen ist unter aller Kritik.

.KRONE - das setzt allem die Krone auf
das ist die Höhe, das ist der Gipfel der Frechheit:
Seit Wochen kommt er unpünktlich zum Dienst, und heute verlangt er eine Lohnerhöhung - das setzt doch wirklich allem die Krone auf!
- einen in der Krone haben
betrunken sein:
Nach seiner Lohnauszahlung am Wochenende hat er immer einen in der Krone.

.KRUMMNEHMEN - etwas krummnehmen
etwas übelnehmen:
Du darfst es mir nicht krummnehmen, wenn ich dich auf einen Fehler aufmerksam mache.

.KÜCHE - in Teufels Küche kommen oder **geraten**
in eine schlimme oder unangenehme Lage kommen:
Ich werde es mir noch sehr überlegen, ob ich das tue. Ich habe keine Lust, in Teufels Küche zu kommen.

.KUCKUCK - geh zum Kuckuck oder **scher dich zum Kuckuck** oder **hol dich der Kuckuck!**
mach, daß du wegkommst!:
Scher dich zum Kuckuck mit deiner Nörgelei!
- das weiß der Kuckuck
das möchte ich wissen, das weiß niemand:
Wer mich bei der Polizei angezeigt hat, das weiß der Kuckuck.

- das Geld ist zum Kuckuck
das Geld ist verloren:
Durch seine Spielleidenschaft war sein ganzes Geld bald zum Kuckuck.

.KUHHAUT - das geht auf keine Kuhhaut (starker Ausdruck)
das ist unerhört, das übersteigt alles:
Der Chef hatte sehr große Geduld mit Kurt; denn alles was er falsch gemacht hat, ging schon auf keine Kuhhaut.

.KULISSE - hinter die Kulissen sehen
die Hintergründe einer Sache erkennen:
Ob sie glücklich verheiratet ist, wie sie sagt, weiß ich nicht. Man kann ja nicht hinter die Kulissen sehen.

.KURZ - über kurz oder lang oder **über lang oder kurz**
in Kürze, in kurzer Zeit:
Über kurz oder lang wird es sich ja zeigen, wer recht hat.
- um es kurz zu machen
etwas abkürzen, ohne noch auf Einzelheiten einzugehen:
Um es kurz zu machen: Nennen Sie uns endlich Ihre Bedingungen!
- kurz und gut
schließlich:
Kurz und gut, ihm wurde nach der Auseinandersetzung sofort gekündigt.
- alles kurz und klein schlagen
alles zerstören:
In seiner Wut schlug er alles kurz und klein.
- zu kurz kommen
benachteiligt werden:
Wir wollen den Gewinn gleichmäßig verteilen, so daß keiner zu kurz kommt.
- kurz angebunden sein
abweisend sein, unfreundlich sein, wortkarg sein:
Ich fragte den Beamten nach den Zügen. Der war aber kurz angebunden und verwies mich auf den Fahrplan.

.KUSSHAND - etwas mit Kußhand nehmen
etwas sehr gern nehmen:
Ich habe eine Karte für die Oper übrig? - Die nehme ich mit Kußhand.

.LACHEN - das Herz lacht mir (im Leibe)
ich freue mich sehr:
Wenn ich Inge sehe, da lacht mir das Herz im Leibe. So hübsch ist sie.

- er hat nichts zu lachen
ihm geht es schlecht:
Der Mann hat bestimmt nichts zu lachen. Er ist arbeitslos und seine Frau schwer krank.
- das wär' ja gelacht
das ist nur eine Kleinigkeit:
Das wär' ja gelacht, wenn ich diese Arbeit nicht machen könnte.
- er hat gut lachen
ihm geht es gut; er kann sich freuen:
Während wir hier arbeiten, gehst du auf Urlaub. Du hast gut lachen!

.LACKIEREN - der Lackierte sein
der Betrogene, Übervorteilte sein:
Jedesmal bin ich doch der Lackierte und muß das Büro aufräumen, während die anderen schon nach Hause gehen können.

.LADEN - schwer geladen haben
zuviel Alkohol getrunken haben:
Sieh nur, wie er schwankt. Ich glaube, der hat wieder schwer geladen.

.LADEN - ich werde den Laden schon schmeißen
ich werde die Sache erfolgreich durchführen:
Mach dir keine Sorgen! Ich werde in deiner Abwesenheit den Laden schon schmeißen.

.LANG - da kannst du lange warten
ich denke nicht daran:
Sie möchte, daß wir ihr helfen Da kann sie lange warten.
- ein langes Gesicht machen
enttäuscht sein, unzufrieden sein:
Als die Totoergebnisse herauskamen, machte er ein langes Gesicht, denn er hatte fest mit einem Gewinn gerechnet.
- einen langen Hals machen
etwas neugierig oder verlangend schauen, nur mit Mühe etwas sehen können:
Der Filmstar war von Reportern so umlagert, daß die Neugierigen einen langen Hals machen mußten, um ihn überhaupt sehen zu können.

.LÄNGE - sich in die Länge ziehen
länger dauern, als zu erwarten war:
Ich hätte nicht geglaubt, daß sich die Bauarbeiten so in die Länge ziehen würden.

.LANZE - für jn (für etwas) eine Lanze brechen
für jn (für etwas) eintreten; jn (etwas) unterstützen, befürworten:
Wenn ich morgen beim Chef bin, werde ich für dich eine Lanze brechen.

.LAPPEN - jm etwas durch die Lappen gehen
jm etwas entgehen:
Letzte Woche war ich verreist, mir ist leider dadurch ein gutes Geschäft durch die Lappen gegangen.

.LASSEN - das muß man ihm lassen
das muß man (als sein Verdienst) anerkennen:
Seine Arbeiten erledigt er gewissenhaft, das muß man ihm lassen.

.LATEIN - mit seinem Latein am Ende sein
keinen Rat mehr wissen, nicht weiterwissen:
Ich habe alles versucht, das Problem zu lösen. Es ging nicht. Ich bin mit meinem Latein am Ende.

.LAUFPASS - jm den Laufpaß geben
jn fortschicken:
Wir waren alle überrascht, als sie ihrem Verlobten plötzlich den Laufpaß gegeben hat.

.LAUS - ihm ist eine Laus über die Leber gelaufen
er ist verärgert:
Was machst du für ein Gesicht? Ist dir eine Laus über die Leber gelaufen?
- jm eine Laus in den Pelz setzen
jm Schwierigkeiten machen:
Mit diesem Antrag hat die Opposition der Regierung eine Laus in den Pelz gesetzt.

.LAUSEN - ich dachte, mich laust der Affe (starker Ausdruck)
ich war sehr verblüfft:
Als ich von deinem Erfolg hörte, dachte ich, mich laust der Affe,.

.LÄUTEN - ich habe etwas läuten hören
ich habe etwas erfahren:
Ich habe etwas von dem Bau eines neuen Krankenhauses läuten hören.

.LEBEN - in den Tag hinein leben
leben, ohne sich über die Zukunft Gedanken zu machen:
Sie leben einfach in den Tag hinein und meinen, es müßte immer alles so bleiben.
- in Saus und Braus leben
verschwenderisch leben:
Erich hat im Toto gewonnen und lebt jetzt in Saus und Braus.
- von der Hand in den Mund leben
nur das Nötigste zum täglichen Leben haben:
Diese armen Leute leben nur von der Hand in den Mund.
- Leben ins Haus oder **in die Bude bringen**
Munterkeit und Frohsinn ins Haus bringen oder um sich verbreiten:
Als Hans in die Party kam, brachte er endlich Leben ins Haus.

.LEBER - frei von der Leber weg reden
ohne Bedenken reden:
„Und nun", sagte der Richter zum Angeklagten, „schildern Sie uns mal die Sache frei von der Leber weg!"

.LEDER - vom Leder ziehen
Streit anfangen, jn angreifen:
Höre endlich mit deinen Sticheleien auf, sonst werde ich mal vom Leder ziehen.
- jm das Leder oder Fell gerben
Siehe .FELL
.LEER - leer ausgehen
nichts bekommen, während andere etwas erhalten:

Obwohl ich mehrere Lotterielose genommen harte, ging ich doch leer aus.

.LEHRGELD - Lehrgeld zahlen
schlechte Erfahrungen machen:
In der Jugend muß jeder Lehrgeld zahlen.

.LEIB - mit Leib und Seele
mit Begeisterung:
Als Schüler war er ziemlich faul. Doch jetzt im Beruf ist er mit Leib und Seele bei der Sache.
- etwas am eigenen Leibe verspüren
selber eine schlechte Erfahrung machen:
Jetzt hat er einmal am eigenen Leibe verspürt, was es heißt, im Stich gelassen zu werden.

.LEICHE - über Leichen gehen
rücksichtslos sein:
Wenn es gilt, sein Ziel zu erreichen, geht der junge Chef über Leichen.

.LEIM - auf den Leim gehen oder kriechen
auf etwas hereinfallen:
Er ist nun schon so oft hereingefallen, und doch geht er der Werbung immer wieder auf den Leim.
- aus dem Leim gehen
1. kaputtgehen:
Die Schuhe kann ich nicht länger tragen. Beim letzten Regen sind sie völlig aus dem Leim gegangen.
2. (figurativ) zerbrechen:
Meine Freundschaft mit Inge ist jetzt endgültig aus dem Leim gegangen.

.LEISTEN - das kann ich mir leisten
das kann ich mir erlauben:
Wollen wir uns heute abend eine Flasche Wein leisten?

.LEITUNG - eine lange Leitung haben
etwas schwer begreifen:
Fritz muß man alles dreimal erklären, ehe er etwas begreift. Der hat wirklich eine lange Leitung.

.LEKTION - jm eine Lektion erteilen
jm einen Verweis geben:
Als der Schüler wieder zu spät zur Schule kam, ist ihm vom Direktor eine gehörige Lektion erteilt worden.

.LESEN - etwas zwischen den Zeilen lesen können
den tieferen Sinn einer Sache verstehen; verstehen, was der Schreiber gemeint hat, obwohl er es nicht so ausgesprochen/gesagt hat:
Es klingt ganz harmlos, was er schreibt. Man muß jedoch zwischen den Zeilen lesen können.

.LETZT - zu guter Letzt
zum Schluß, am Ende:
Zu guter Letzt blieb alles so, wie es war.
.LEVITEN - jm die Leviten lesen
jm einen Verweis erteilen:
Weil er sehr schlecht gearbeitet harte, wurden ihm vom Meister die Leviten gelesen.

LICHT - ein schlechtes Licht auf jn (etwas) werfen oder **kein gutes Licht auf jn (etwas) werfen**
in schlechten Ruf kommen:
Dein Verhalten wirft ein schlechtes Licht auf deinen Charakter.
- sein Licht unter den Scheffel stellen
zu bescheiden sein:
Du kannst doch etwas. Warum stellst du immer dein Licht unter den Scheffel?
- sich (etwas) ins rechte Licht rücken oder **setzen** oder **stellen**
die Vorzüge eines Menschen (einer Sache) aufzeigen:
Wir müssen bei der Messe die technischen Neuerungen an der Maschine ins rechte Licht rücken.
- sich (etwas) in ein falsches Licht rücken oder **setzen** oder **stellen**
sich (etwas) schlechter machen, als es wirklich ist; falsche Vermutungen aufkommen lassen:
Sie haben unsere Firma in ein völlig falsches Licht gerückt.
- sein Licht leuchten lassen
seine Klugheit zeigen:
Durch ihre witzigen Bemerkungen ließ sie auf der Party ihr Licht leuchten.
- jn hinters Licht führen
jn täuschen, jn betrügen:
Gib dir keine Mühe, mich kannst du nicht so schnell hinters Licht führen.

.LIED - er weiß ein Lied davon zu singen
er spricht aus Erfahrung:
Hat sie auch dich um Geld betrogen? Ich weiß schon lange ein Lied davon zu singen.

.LIEGEN - mir liegt viel (nichts) daran
das ist sehr (nicht) wichtig für mich:
Mir liegt viel daran, daß mein Sohn zu Ihnen in die Lehre kommt.
- es liegt klar auf der Hand
es ist völlig klar:
Es liegt doch klar auf der Hand, zum Erfolg gehört auch eine ganze Menge Glück.
- es liegt ihm nicht
es entspricht nicht seinen Neigungen, seinem Talent:
Tanzen liegt ihm nicht, er ist nicht musikalisch.
- es liegt nicht an mir
es ist nicht meine Schuld:
Es hat doch nicht an mir gelegen, daß du heute zu spät zum Dienst gekommen bist..
- etwas (jd) kommt mir sehr gelegen
etwas (jd) kommt gerade zur rechten Zeit:
Deine Hilfe kommt mir sehr gelegen. Bis Feierabend muß ich die Arbeit fertig haben.

.LINIE - schlanke Linie
schlanke Figur:
Du solltest nicht soviel naschen, sondern lieber etwas für deine schlanke Linie tun.

.LINK - er ist mit dem linken Bein oder **Fuß zuerst aufgestanden**
er ist schlechter Laune:
Der Chef ist wohl heute mit dem linken Bein (oder Fuß) zuerst aufgestanden.
.LINKS - jn links liegenlassen
jn nicht beachten:
Wenn du sie ärgern willst, mußt du sie einfach links liegenlassen.

.LOCH - auf dem letzten Loch pfeifen
am Ende sein:

Du machst ein Gesicht, als würdest du auf dem letzten Loch pfeifen.

.LOCKERLASSEN - nicht lockerlassen
nicht nachgeben:
Mit meinen Forderungen wurde ich schon mehrmals abgewiesen, aber ich lasse nicht locker.

.LORBEEREN - Lorbeeren ernten
Anerkennung bekommen/finden:
Mit seiner wissenschaftlichen Arbeit hat er viele Lorbeeren geerntet.
- auf seinen Lorbeeren ausruhen
nach seinem Erfolg untätig bleiben:
Du darfst jetzt nicht auf deinen Lorbeeren ausruhen.

.LOS - mit ihm ist nicht viel los
er kann nicht viel, er ist schwächlich, er taugt nicht viel:
Ich mußte den Neuen wieder entlassen. Mit ihm war nicht viel los.
- dort ist (nicht) viel los
dort ist (nicht) viel Leben und Treiben, dort ist es (nicht) interessant:
Auf der diesjährigen Industrieausstellung war nicht viel los.
- er hat das Große Los gezogen
er hat viel Glück gehabt:
Willi hat eine sehr gute Frau. Mit ihr hat er das Große Los gezogen.

.LUCHS - aufpassen wie ein Luchs
äußerst scharf aufpassen:
In der Schule paßt Ihre Tochter auf wie ein Luchs.

.LUFT - die Luft ist rein
es ist niemand da, der einen stören könnte:
Wir schicken ihn zuerst in die Wohnung, um auszukundschaften, ob die Luft rein ist.
- es ist dicke Luft
ein Unheil naht:
Gehe nicht zum Chef rein! Da ist dicke Luft.
- er ist Luft für mich
ich beachte ihn überhaupt nicht:
Seitdem mich Else verlassen hat, ist sie Luft für mich.
- es liegt etwas in der Luft
es scheint sich ein Unheil zu ereignen:
Bei der Kundgebung hielten wir uns nicht lange auf, denn wir merkten, daß etwas in der Luft lag.
- jn an die (frische) Luft setzen
jn hinauswerfen:
Der Wirt setzte den randalierenden Betrunkenen kurzerhand an die (frische) Luft.

- in die Luft gehen
wütend werden:
Als er das schlechte Zeugnis seines Sohnes sah, ging er in die Luft.

.LUFTSCHLOSS - Luftschlösser bauen
Pläne machen, die sich nie verwirklichen lassen:
Das verliebte Paar saß im Park und baute Luftschlösser.

.LUPE - etwa (jn) scharf unter die Lupe nehmen
etwas (jn) genau betrachten und streng beurteilen:
Beamte werden vor ihrer Anstellung gründlich unter die Lupe genommen.

.LUSTIG - sich über jn lustig machen
jn verulken:
Er leidet sehr darunter, daß sich die Leute über ihn lustig machen.
- das kann ja lustig werden (ironisch)
das kann schlimm werden:
Die Vorstellung ist ausverkauft und die Hauptdarstellerin krank. Na, das kann ja lustig werden.

.MACHEN - das läßt sich machen
das ist möglich:
Kann ich für diesen Zug eine Platzkarte bekommen? - Ja, das läßt sich machen.
- sich nichts (nicht viel, wenig) daraus machen
etwas nicht (nicht sehr gern) mögen:
Dicke Menschen machen sich nicht viel aus Sport.
- das macht sich sehr gut
das sieht sehr gut aus, das paßt sehr gut:
Der Gürtel macht sich sehr gut an dem Kleid.

.MACHTWORT - mit jm ein Machtwort sprechen
energisch mit jm sprechen:
Willst du nicht mit deinem Sohn nicht ein Machtwort sprechen, damit er in der Schule besser lernt?

.MÄDCHEN - er ist Mädchen für alles
er kann oder muß alle Arbeiten tun:
In seiner Firma ist Kollege Breuer Mädchen für alles.

.MAGEN - jd (etwas) liegt mir schwer im Magen
1. jn nicht leiden können:
Dein dreistes Benehmen liegt er mir schon lange schwer im Magen.
2. etwas macht mir große Sorgen, ärgert mich:
Die Nachricht vom Konkurs unserer Firma liegt mir schwer im Magen.

.MALEN - mal nicht den Teufel an die Wand
beschwöre nicht das Unheil herauf:
Warum sollte gerade die Maschine, mit der wir fliegen, abstürzen? Mal nur nicht den Teufel an die Wand!

.MANN - seinen Mann stehen
eine schwierige Arbeit oder Situation meistern, gute Arbeit tun:
Nach dem Tode ihres Mannes stand sie dort ihren Mann, bis ihr Sohn Firmenchef wurde.
- seine Ware an den Mann bringen
seine Ware verkaufen:
Und gehen die Geschäfte noch so schlecht, er versteht es immer, seine Ware an den Mann zu bringen.

.MARK - durch Mark und Bein gehen
durchdringend sein, durch und durch gehen (Bein = Knochen):
Das Schreien der Verletzten ging mir durch Mark und Bein.

.MAUL - jm ums Maul gehen oder **jm Honig ums Maul schmieren**
sagen, was jemand gern hört; jm schmeicheln:
Er ließ keine Gelegenheit aus, seinem Vorgesetzten ums Maul zu gehen).
Siehe auch .MUND.

.MAULAFFE - Maulaffen feilhalten (starker Ausdruck)
untätig zusehen:
Steh hier nicht herum und halte Maulaffen feil!

.MEHR - nach mehr schmecken
so gut schmecken, daß man mehr davon haben möchte:
Der Wein ist sehr gut, er schmeckt nach mehr.

.MEILE - drei Meilen gegen den Wind riechen
etwas ahnen, voraussehen:
Daß an dem Geschäft etwas faul ist, riecht man schon drei Meilen gegen den Wind.

.MEIN - mein und dein verwechseln oder **nicht unterscheiden können**
es mit fremdem Besitz nicht so genau nehmen, sich etwas aneignen:
Peter nimmt immer mein Fahrrad. Er kann mein und dein nicht unterscheiden.

.MELDEN - nichts zu melden haben
nichts zu sagen haben:
Viele Chefs schikanieren ihre Untergebenen, weil sie zu Hause nichts melden haben.

.MESSER - jm das Messer auf die Brust setzen
jm mit dem Ruin drohen:
Mit der Drohung, ihn zu verklagen, setzte der Gläubiger dem Schuldner das Messer auf die Brust.
- auf des Messers Schneide stehen
Siehe .STEHEN.

MIENE - gute Miene zum bösen Spiel machen
sich mit seinem Schicksal oder seiner Lage abfinden:
Obwohl mir die Party gar nicht gefiel, habe ich gute Miene zum bösen Spiel gemacht.

.MIR - mir nichts, dir nichts
ohne Umstände:
Klopfen Sie gefällst an die Tür! Sie können doch nicht so mir nichts, dir nichts in mein Büro kommen.

MITKÖNNEN - mit jm nicht mitkönnen
etwas nicht so gut können wie der andere:
Obwohl es eine gute Mannschaft war, stellte sich doch bald heraus, daß sie mit einem so harten Gegner nicht mitkonnte.

.MITSPIELEN- jm übel mitspielen
jm großen Schaden zufügen:
Ihr früherer Verlobter hat ihr übel mitgespielt.

.MOND - die Uhr geht nach dem Mond
die Uhr geht ungenau:
Ich hatte keine Ahnung, daß es so spät war, denn meine Uhr ging nach dem Mond.
- hinter dem Mond leben
rückständig sein; von nichts eine Ahnung haben:
In diesem Dorf leben die Leute wirklich hinter dem Mond.

.MONDSCHEIN - er kann mir im Mondschein begegnen (derber Ausdruck)
er ist mir gleichgültig:
Mit Fritz will ich nichts zu tun haben. Der kann mir mal im Mondschein begegnen.

.MÜCKE - aus einer Mücke einen Elefanten machen
maßlos übertreiben:
Das ist doch kein Grund zur Aufregung. Du machst da aus einer Mücke einen Elefanten.

.MUMM - keinen rechten Mumm haben
keinen Mut, keine Lust, kein Zutrauen haben:
Dein Vorschlag reizt mich schon, ich habe aber nicht den rechten Mumm dazu.

.MUND - den Mund nicht auftun
schweigen, anstatt zu reden:
Bei unserer Unterhaltung hörte er sehr interessiert zu, tat aber selbst den Mund nicht auf.
- den Mund auf dem rechten Fleck haben
redegewandt, schlagfertig sein:
Dein Sohn hat den Mund auf dem rechten Fleck. Er gibt immer eine treffende Antwort.
- jm den Mund wässerig machen
js Wunsch oder Appetit erregen:
Die frisch gegrillten Hähnchen machen einem den Mund richtig wässerig.
- nicht auf den Mund oder **aufs Maul gefallen sein** (derber Ausdruck)
schlagfertig sein:
Sie hat lebhaft an der Diskussion teilgenommen. Sie ist nicht auf den Mund gefallen.
- mach doch den Mund oder **das Maul) auf** (derber Ausdruck)
1. sage endlich etwas zu dieser Sache:
Warum sagst du nichts zu den Vorwürfen? Mach doch endlich den Mund auf.
2. sprich deutlicher:
Man versteht ja nicht, was du sagst. Mach mal den Mund ein bißchen mehr auf!
- einen großen Mund oder **ein großes Maul haben** (derber Ausdruck)
vorlaut sein:

Mit dir kann man nicht vernünftig reden, du hast immer einen großen Mund.

- den Mund oder das Maul oder **die Schnauze halten**(derber Ausdruck)
schweigen:
Daß du mir ja den Mund hältst und niemandem etwas von der Sache erzählst! -
Der Kerl soll ja sein Maul halten, sonst mache ich ihn fertig.

- jm den Mund oder **das Maul verbieten**(derber Ausdruck)
jn nicht reden lassen, jm das Reden verbieten:
Ich lasse mit von niemandem den Mund verbieten.

- den Mund oder **das Maul aufreißen** oder **voll nehmen** (derber Ausdruck)
prahlen, aufschneiden:
Du darfst dem nicht alles glauben, der nimmt gern den Mund voll.

- jm das Wort aus dem Mund nehmen
aussprechen, was ein anderer gerade sagen will:
Gerade das wollte ich auch sagen. Du hast mir das Wort aus dem Mund genommen.

- jm das Wort im Munde umdrehen
das Gegenteil von dem, was einer gesagt hat, weitererzählen; die Worte absichtlich falsch deuten:
Du dreht einem doch glatt das Wort im Munde um. Das habe ich ja gar nicht so gemeint

- mit dem Mund vorneweg sein
vorlaut sein:
Es macht keinen guten Eindruck, wenn du immer mit dem Mund vorneweg ist.

- jm nach dem Munde reden
so reden, wie jd es gern hören möchte:
Menschen, die anderen nach dem Munde reden, sind nicht ehrlich.

- sich etwas vom Munde absparen
sich etwas unter großem Verzicht leisten:
Ich habe mir den Fernseher buchstäblich vom Munde abgespart.

.MUNDTOD - jn mundtot machen
jn zum Schweigen bringen, jm das Reden unmöglich machen, verbieten:
Du versucht mich bei jeder Gelegenheit mundtot zu machen.

.MUNDWERK - ein loses Mundwerk haben
frech reden, unbekümmert reden:
Die Alte ist unausstehlich. Die hat ein loses Mundwerk.

.MÜRBE - jn mürbe machen
js Widerstandskraft brechen:
Der Vertreter hat so lange auf die Frau eingeredet, bis er sie mürbe gemacht hatte und sie den Kaufvertrag unterschrieb.

.MUSIK - Musik in den Ohren sein
erfreulich sein, zu hören:
Als ich hörte, daß ich eine Prämie bekommen soll, war das Musik in meinen Ohren.

.MUSTERKNABE - ein Musterknabe sein
ein Vorbild, ein vorbildlicher Mensch sein:
Dein Vater stellt dich immer als einen Musterknaben hin, bist du aber nicht.

.MUTTER - an Mutters Rockzipfel hängen
unselbständig sein:
Du bist doch nun schon alt genug und mußt nicht immer an Mutters Rockzipfel hängen.

.MUTTERMILCH - etwas mit der Muttermilch eingesogen haben
sich mit etwas schon von Kindheit an beschäftigen:
Er kommt aus einer Musikerfamilie und hat die Musik sozusagen schon mit der Muttermilch eingesogen.

.NACH - nach wie vor
schon immer, noch immer:
Er ist nach wie vor an dem Hauskauf interessiert.

.NACHSAGEN - das lasse ich mir nicht nachsagen
ich sorge dafür, daß man das nicht von mir sagt oder denkt:
Ich lasse mir nicht nachsagen, daß ich ein Geizkragen wäre. - Herr Wirt! Eine Runde Bier an diesen Tisch!

.NACHT - häßlich wie die Nacht
sehr häßlich:
Wenn gesagt wird, Willis Frau sei häßlich wie die Nacht, so ist das maßlos übertrieben.

.NACKEN - jm den Nacken beugen
jn gefügig machen:
Er hatte es immer darauf abgesehen, seinen Untergebenen den Nacken zu beugen.
- jm im Nacken sitzen
jn verfolgen:
„Ich haue ab," rief der Verbrecher, „mir sitzen die „Bullen" schon im Nacken."

.NACKT - die nackte Wahrheit
die reine Wahrheit:
Was ich jetzt erzähle, ist kaum zu glauben, aber es ist die nackte Wahrheit.
- sein nacktes Leben retten
nichts als sein Leben retten:
Bei der Überschwemmung konnten viele nur ihr nacktes Leben retten.

.NADELSTICH - jm Nadelstiche versetzen
jn mit vielen kleinen Bosheiten ärgern:
Ich gehe ihm aus dem Wege, denn er versucht immer, einem Nadelstiche zu versetzen.

.NAGEL - den Nagel auf den Kopf treffen
genau das Richtige sagen:
Mit deiner Bemerkung hast du den Nagel auf den Kopf getroffen.

.NAHE - jm zu nahe kommen
jn belästigen:
Als er ihr zu nahe kam, rief sie um Hilfe.
- jm zu nahe treten
jn beleidigen:
Ich möchte über dich lieber nichts sagen, denn ich will dir nicht zu nahe treten.
.NAME - sich einen Namen machen
bekannt werden:

Mit seiner Kunst hat er sich in kurzer Zeit einen Namen gemacht.
- das Ding oder **Kind beim rechten** oder **richtigen Namen nennen**
über etwas offen sprechen:
Ich nenne immer das Kind beim Namen und rede nicht drum herum. Mir ist es egal, was die Leute von mir denken.

.NARR - jn zum Narren halten
sich über jn lustig machen, ohne daß er es merkt:
Nur Dumme glauben, andere zum Narren halten zu können.
- er hat einen Narren an ihm gefressen
Siehe .FRESSEN.

.NASE - die Nase über jn (etwas) rümpfen
jn (etwas) verachten:
Bevor man über andere die Nase rümpft, sollte man sich erst selbst kritisch betrachten.
- eine feine Nase für etwas haben
etwas merken:
Er hat eine feine Nase für gute Geschäfte.
- von etwas die Nase oder **die Schnauze (gestrichen) voll haben** (derber Ausdruck)
einer Sache überdrüssig sein, von einer Sache (reichlich) genug haben:
Von der Werbung im Fernsehen habe ich die Nase voll. Ich schalte dann den Apparat auf ein anderes Programm um.
- die Nase in alles oder **in jeden Dreck stecken** (starker Ausdruck)
sich für Dinge interessieren, die einen nichts angehen:
Sie steckt ihre Nase immer in Dinge, die sie nichts angehen.
- Mund und Nase aufsperren
staunen:
Die Kinder sperrten Mund und Nase auf, als sie dem Zauberkünstler zuschauten.
- das habe ich dir an der Nasen(spitze) angesehen
das habe ich dir auf den ersten Blick angesehen:
Ich sehe ich dir an der Nasenspitze an, daß du etwas auf dem Herzen hast.
- fassen Sie sich an Ihre (eigene) Nase
kümmern Sie sich um Ihre eigenen Angelegenheiten:
Fassen Sie sich lieber an Ihre eigene Nase, ehe Sie Ihre Kollegen kritisieren.
- auf der Nase liegen
krank sein:
Ich habe über eine Woche mit einer Erkältung auf der Nase gelegen.
- jn mit der Nase auf etwas stoßen
jn auf etwas hinweisen, damit er es merkt:
Mancher ist so begriffsstutzig, daß man ihn erst mit der Nase darauf stoßen muß, was gemeint ist.
- jm etwas vor der Nase wegschnappen
jm etwas wegnehmen, was er schon zu besitzen glaubte:
Beim Ausverkauf versucht einer dem anderen das beste Stück vor der Nase wegzuschnappen.
- der Zug fuhr mir vor der Nase weg
der Zug fuhr gerade ab, als ich ankam:
Als ich zum Bahnhof kam, fuhr mir der Zug glattweg vor der Nase weg.

- jm etwas unter die Nase reiben
jm Vorhaltungen wegen etwas machen:
Seine Verfehlung wurde ihm von seiner Frau immer wieder unter die Nase gerieben.

.NASE(N)LANG - alle nase(n)lang
sehr oft:
Man lebt gefährlich. Alle naselang liest man von nächtlichen Überfällen.

.NEBEL - bei Nacht und Nebel
in der Dunkelheit, heimlich:
Vor der Tyrannei flüchteten viele Bewohner bei Nacht und Nebel.

.NEHMEN - jn beim Wort nehmen
auf dem bestehen, was jd gesagt oder versprochen hat:
Du hast mir versprochen, mich deiner Freundin vorzustellen. Jetzt nehme ich dich beim Wort und gehe mit dir zu eurem Treff.
- jn zu nehmen wissen
mit jm umzugehen verstehen:
Ein guter Geschäftsmann weiß, seine Kunden zu nehmen.
- sich etwas nicht nehmen lassen
nicht auf etwas verzichten:
Viele ließen es sich nicht nehmen, die siegreiche Mannschaft auf dem Flugplatz zu begrüßen.
- Reißaus nehmen
eiligst davonlaufen:
Als die Polizei eintraf, nahmen die Einbrecher schleunigst Reißaus.

.NEIN - er kann nicht nein sagen
er kann nichts ablehnen, er ist gutmütig
Immer gibt er ihren Wünschen nach, er kann einfach nicht nein sagen.

.NENNER - alles auf einen Nenner bringen
alles einander anpassen:
Es ist schwer, alle eure Wünsche auf einen Nenner zu bringen.

.NERV - jm auf die Nerven fallen oder **gehen**
jn nervös machen, jm lästig werden:
Die alte Frau geht mir mit ihrem dummen Geschwätz schon lange auf die Nerven.

.NESSEL - sich in die Nesseln setzen
sich in eine unangenehme Lage bringen:
Du solltest mit Versicherungsvertretern keine Verträge voreilig abschließen, du kannst dich damit allzu leicht in die Nesseln setzen.

.NEST - ein kleines Nest
ein kleiner Ort:
Unser Urlaubsort war nur ein kleines Nest, und wir hatten nicht die geringste Abwechslung.

.NETT - das kann ja nett werden! (ironisch)
wir müssen uns auf unangenehme Dinge gefaßt machen:
Morgen kommt der Revisor in unsere Bank. - Das kann ja nett werden!
.NETZ - jm ins Netz gehen
sich von jm überlisten lassen:

Der Betrüger ist der Polizei ins Netz gegangen.
.**NEUN - ach du grüne Neune!** (starker Ausdruck)
das ist eine (unangenehme) Überraschung:
Richards Frau hat jetzt zum zweiten Mal Zwillinge bekommen? - Ach du grüne Neune!

.NICHTS - die Arbeit war für nichts und wieder nichts
die Arbeit war vergebens:
Wir haben uns viel Mühe gegeben, aber die ganze Arbeit war für nichts und wieder nichts.
- es bleibt mir weiter nichts übrig
ich habe keine andere Wahl:
Bei dem hohen Fieber blieb mir nichts anderes übrig, als im Bett zu bleiben.
- zu nichts kommen
keinen Erfolg haben:
Ihm wurde von allen geholfen, aber er kam trotzdem zu nichts.

.NIMMERWIEDERSEHEN - auf Nimmerwiedersehen verschwinden
für immer verschwinden:
Der Hotelgast verschwand auf Nimmerwiedersehen, ohne seine Rechnung zu bezahlen,

.NOCH - noch und noch
sehr viel:
Ich kann noch und noch Geld für dich ausgeben. Und du bist immer noch nicht zufrieden.
- das wäre ja noch schöner! (ironisch)
(Ausdruck der Entrüstung oder Ablehnung) das gibt es gar nicht, das kommt nicht in Frage, das werden wir ja sehen:
Er will den Schaden nicht bezahlen? Das wäre ja noch schöner!

.NORMAL - nicht (ganz) normal sein
(etwas) schwachsinnig sein:
Das Kind von Müllers soll nicht ganz normal sein.

.NOT - seine liebe Not mit jm (mit etwas) haben
viel Mühe und Arbeit mit jm (mit etwas) haben:
Die arme Frau hatte mit ihren vielen Kindern ihre liebe Not.
- wenn Not am Mann ist
im Notfall:
Wenn Not am Mann ist, müssen bei der Ernte sogar die Kinder mithelfen.
- mit Mühe und Not oder mit knapper Not
mit großen Schwierigkeiten:
Bei dem Brand wurden mit Mühe und Not alle Hausbewohner gerettet.
- zur Not
allenfalls, gerade noch:
Ihre Leistungen reichen zur Not für eine Versetzung in die nächste Klasse.

.NUMMER - auf Nummer Sicher
im, ins Gefängnis:
Der Betrüger verbrachte die meiste Zeit seines Lebens auf Nummer Sicher.

- er hat eine gute Nummer beim Chef
er wird vom Chef sehr geschätzt:
Du hast beim Chef keine gute Nummer.

.NUSS - harte Nüsse zu knacken haben
schwierige Probleme zu lösen haben, vor großen Schwierigkeiten stehen:
Als Detektiv haben Sie sicher recht harte Nüsse zu knacken.

.OBEN - jn von oben herab ansehen
hochmütig auf jn herabsehen; sich jm gegenüber so benehmen, als sei man etwas Besseres:
Es ist ihre Art, neue Kolleginnen von oben herab anzusehen.
- von oben bis unten
sehr gründlich, ganz und gar:
Bei der Vorstellung musterte mich der Chef von oben bis unten.

.OBENAUF - wieder obenauf sein
die Krankheit oder die Schwierigkeit überwunden haben:
Nach der langen Krankheit fuhr er zur Kur, und nun ist er wieder obenauf.
- immer obenauf sein
immer gute Laune haben:
Wenn es Erich noch so schlecht geht, ist er immer obenauf.

.OBENHIN - etwas nur so obenhin tun
etwas flüchtig, oberflächlich, nebenbei tun:
Ich habe das Bild nur so obenhin angesehen.

.OBERWASSER - Oberwasser haben
im Vorteil sein:
Wenn du immer nachgibst, ist es kein Wunder, daß dein Partner Oberwasser hat.

.OFFEN - ein offenes Haus haben oder **führen**
viele Gäste haben:
Als wir noch vermögend waren, hatten wir immer ein offenes Haus.
- ein offenes Ohr haben
sich für die Sorgen und Nöte anderer interessieren und hilfsbereit sein:
Unser Pfarrer hat für jeden ein offenes Ohr.
- mit offenen Augen ins Unglück rennen
ins Unglück laufen, obwohl man es eigentlich erkennen müßte:
Anstatt sie vorher zu warnen, ließen sie sie mit offenen Augen ins Unglück rennen.
- offene Türen einrennen
gegen vermutete Widerstände kämpfen, die gar nicht vorhanden sind:
Du brauchst uns nicht erst zu überzeugen! Bei uns rennst du offene Türen ein.

.ÖFFNEN - jm die Augen öffnen
jn aufklären:
Über deinen vermeintlichen Freund muß ich dir wirklich einmal die Augen öffnen.

.OHNE - er (es) ist nicht (so) ohne
er (es) ist nicht so, wie es den Anschein hat; er (es) kann unangenehm werden:
Unser Chef ist nicht so ohne. -
Die Sache sieht so harmlos aus, dabei ist sie nicht so ohne.

.OHR - die Ohren spitzen
aufmerksam zuhören:
Kinder spitzen die Ohren, wenn sie etwas nicht hören sollen.
- auf den Ohren sitzen
nichts hören:
Du sitzt wohl auf den Ohren! Hast du denn das Klingeln nicht gehört?
- ein feines Ohr für etwas haben
etwas schnell begreifen, etwas schnell merken:
Mutter hat für Lügen immer ein feines Ohr gehabt.
- ich bin ganz Ohr
ich höre genau zu:
Ich will dir etwas Interessantes erzählen. - Bitte, ich bin ganz Ohr.
- die Wände haben Ohren
es lauscht jd:
Sprich bitte leise! Hier haben die Wände Ohren.
- noch nicht trocken hinter den Ohren sein
unreif, unerfahren sein:
Du kannst hier nicht mitreden, du bist ja noch nicht trocken hinter den Ohren.
- sich etwas hinter die Ohren schreiben
sich etwas merken:
Was ich dir jetzt zu sagen habe, solltest du dir hinter die Ohren schreiben.
- jm in den Ohren liegen
jn mit Bitten quälen:
Sie lag ihm dauernd wegen eines neuen Pelzmantels in den Ohren.
- bis über beide Ohren verliebt sein
total verliebt sein:
Ich glaube, du bist in Lotte bis über beide Ohren verliebt.
- jn übers Ohr hauen
jn betrügen:
Du wirst nicht klüger, immer wieder läßt du dich übers Ohr hauen.
- sich die Nacht um die Ohren schlagen
in der Nacht kaum oder gar nicht zum Schlafen kommen:
Früher habe ich mir manche Nacht in der Disko um die Ohren geschlagen.

.ÖL - Öl ins Feuer gießen
die Wut, Erregung steigern:
Mit dem, was du gesagt hast, hast du nur noch Öl ins Feuer gegossen.

.ÖLGÖTZE - wie ein Ölgötze dastehen (dasitzen) (starker Ausdruck)
unbeweglich, stur dastehen (dasitzen):
Was stehst du denn hier herum wie ein Ölgötze?

.ORDNUNG - jn zur Ordnung rufen
jn eindringlich ermahnen:
Der Richter mußte den Angeklagten mehrmals zur Ordnung rufen.
- in Ordnung gehen
js Wunsch entsprechen, keine Schwierigkeiten machen:

Machen Sie sich keine Sorgen. Die Sache geht schon in Ordnung.

.PALME - jn auf die Palme bringen
jn in Wut bringen:
Steuererhöhungen können selbst den friedlichsten Bürger auf die Palme bringen.

.PANTOFFEL - er steht unterm Pantoffel
er macht alles, was seine Frau will:
Im Betrieb spielt er den starken Mann und zu Hause steht er unterm Pantoffel.

.PAPPE - etwas (jd) ist nicht von Pappe
etwas (jd) ist kräftig, stark, nicht schlecht:
Wir bekamen einen starken Kaffee vorgesetzt, der nicht von Pappe war.

.PAPPENSTIEL - diese Arbeit ist kein Pappenstiel
diese Arbeit ist keine Kleinigkeit:
Was man von uns im Betrieb verlangte, war kein Pappenstiel.
- das hat er für einen Pappenstiel gekauft
das hat er sehr billig gekauft:
Dieses Grundstück hat er damals für einen Pappenstiel gekauft.

.PAPST - er ist päpstlicher als der Papst
übertrieben streng, pedantisch sein:
Nun sei mal nicht päpstlicher als der Papst! Laß die Kinder doch noch ein bißchen aufbleiben!

.PARTIE - eine gute Partie machen
jn heiraten, der reich ist:
Wie viele junge Mädchen träumen davon, einmal eine gute Partie zu machen.

.PASSEN - das paßt mir nicht (in den Kram)
ich mag das nicht, das ist mir nicht angenehm, das kommt mir ungelegen:
Die zusätzlichen Überstunden passen mir überhaupt nicht (in den Kram).

.PATSCHE - in der Patsche sitzen
Unannehmlichkeiten, Schwierigkeiten haben:
Ich habe meinen Paß zu Hause vergessen. Jetzt sitze ich ganz schön in der Patsche.

.PAUKE - auf die Pauke hauen
1. groß feiern:
Nach dem Examen werden wir feiern. Da wird kräftig auf die Pauke gehauen.
2. angeben:
Du haust ganz schön auf die Pauke gehauen mit deinem neuen Wagen.

.PECH - Pech haben
Unglück haben:
Sie war an der See, aber sie hatte Pech mit dem Wetter. Es regnete dauernd.

- wie Pech und Schwefel aneinander hängen oder **zusammenhalten** (fam)
unzertrennlich sein, fest zusammenhalten:
Die Freunde hingen wie Pech und Schwefel aneinander.

.PELLE, .PELZ - jm auf die Pelle oder **auf den Pelz rücken** (starker Ausdruck)
1. jm zu nahe (auf den Leib) rücken:
Bleib doch auf deinem Platz und rücke mir nicht dauernd auf die Pelle!
2. jn mit einer unangenehmen Bitte dauernd belästigen:
Rück mir doch nicht immer mit deinen Wünschen auf den Pelz.

.PERLE - es wird ihm keine Perle aus der Krone fallen
er wird nichts von seinem Ansehen, seinem Ruf einbüßen:
Schieb du auch einmal den Kinderwagen, Leo! Es wird dir schon keine Perle aus der Krone fallen
- Perlen vor die Säue werfen
etwas Wertvolles an Unwürdige geben:
Inge ist völlig unmusikalisch. Ihr eine Karte zum Konzert zu schenken, hieße Perlen vor die Säue werfen.

.PETTO - etwas in petto haben
etwas in Bereitschaft haben, etwas tun wollen:
Sollte es bei der Besprechung zum Äußersten kommen, habe ich immer noch einen Trumpf in petto, den ich zu gegebener Zeit ausspielen könnte.

.PFANNE - jn in die Pfanne hauen
jn bloßstellen:
Du hast mich gestern beim Chef ganz schön in die Pfanne gehauen.

.PFEFFER - er soll bleiben, wo der Pfeffer wächst (starker Ausdruck)
er soll nur fortbleiben, er soll nicht kommen:
Er braucht mich nicht zu besuchen, er soll bleiben, wo der Pfeffer wächst.

.PFEIFE - nach js Pfeife tanzen
jm widerspruchslos gehorchen:
Alle müssen immer nach deiner Pfeife tanzen. Wir machen aber, was wir wollen.

.PFEIFEN - daher pfeift also der Wind!
das ist also der Grund!:
Karl will sich nicht mehr mit Elli treffen, denn er wird in Kürze Lisa heiraten. Daher pfeift also der Wind!
- auf jn (etwas) pfeifen
auf jn (etwas) keinen Wert legen oder verzichten:
Wenn er mir kein Geld leihen will, dann pfeife ich eben darauf.
- ich pfeif dir was
ich tue nicht, was du willst:
Du glaubst doch nicht, ich werde dir nach unserem Krach helfen. Ich pfeif dir was!

.PFERD - sich aufs hohe Pferd oder **Roß setzen**
prahlen, angeben:
Setz dich doch nicht so aufs hohe Pferd mit deinen sportlichen Erfolgen! Du bist auch nicht besser als andere.
- mich bringen keine zehn Pferde dorthin
ich gehe auf keinen Fall dorthin:

Keine zehn Pferde bringen mich in ein Fußballstadion!

- arbeiten wie ein Pferd

sehr schwer arbeiten:

Vor seinem Examen arbeitete er wie ein Pferd.

- mach mir nicht die Pferde scheu

rede nicht von Dingen, die meiner Sache schaden können:

Mach mir bitte nicht die Pferde scheu, ich glaube bestimmt an einen Erfolg.

- mit ihm kann man Pferde stehlen

er macht alles mit, auf ihn kann man sich unbedingt verlassen:

Mit einem echten Freund kann man Pferde stehlen.

.PFIFFERLING - dafür (darauf) gebe ich keinen Pfifferling

dafür (darauf) gebe ich überhaupt nichts:

Das Bild ist nur eine Kopie, dafür gäbe ich keinen Pfifferling. -
Auf das Gerede der Leute gebe ich keinen Pfifferling.

.PFLASTER - ein teures Pflaster

ein Ort, in dem man teuer lebt:

Das Skiparadies St. Moritz ist wirklich ein teures Pflaster.

.PHANTASIE - seiner Phantasie die Zügel schießen lassen

seiner Phantasie freien Lauf lassen:

Man darf ihr nicht alles glauben, sie läßt oftmals ihrer Phantasie die Zügel schießen.

.PIEPEN - bei dir piept's wohl! (derber Ausdruck)

du bist wohl verrückt:

Wie kannst du dem Jungen mein Fahrrad leihen! Bei dir piept's wohl!

.PIK - einen Pik auf jn haben

Zorn, Groll auf jn haben (Entstanden aus dem französischen Wort pique = Spieß):

Der Chef hat einen Pik auf mich.

.PIKE - von der Pike auf

von Anfang an, von der niedrigsten Stufe an:

Er hat seinen Beruf von der Pike auf gelernt.

.PILLE - eine bittere Pille schlucken

etwas sehr Unangenehmes akzeptieren, sich fügen:

Man hat ihn als Vorsitzenden abgewählt, aber er hat die bittere Pille mit Gelassenheit geschluckt.

.PISTOLE - jm die Pistole auf die Brust setzen

jn zwingen, etwas zu tun:

Wenn er die Miete bis Montag nicht zahlst, setzt ihm der Hauswirt die Pistole auf die Brust.

- wie aus der Pistole geschossen

sehr schnell:

Jede Frage beantwortete der Junge wie aus der Pistole geschossen.

.PLATT - platt sein
sehr erstaunt sein:
Als wir von deiner Heirat hörten, waren wir platt.

.PORZELLANLADEN - er benimmt sich wie ein Elefant im Porzellanladen
er ist plump, ungeschickt:
Für Verhandlungen ist er gänzlich ungeeignet. Er benimmt sich wie ein Elefant im Porzellanladen.

.POSTEN - auf dem Posten sein
1. bereit sein:
Auf ihn kann man sich verlassen. Wenn man ihn braucht, ist er immer auf dem Posten.
2. gesund sein:
Dem alten Herrn geht es gut. Er ist noch immer auf dem Posten.

.PRÄSENTIERTELLER - auf dem Präsentierteller sitzen
im Blickpunkt aller Leute sein:
Das hier ist kein guter Platz. Wir sitzen hier ja wie auf dem Präsentierteller.

.PREUSSE - so schnell schießen die Preußen nicht
so schnell geht das nicht:
Kaufst du heute den neuen Wagen? - Nein, so schnell schießen die Preußen nicht.

.PROBE - die Probe aufs Exempel machen
etwas gründlich prüfen:
Wir wollen jetzt die Probe aufs Exempel machen und sehen, ob er sein Versprechen hält.

.PROZESS - kurzen Prozeß mit etwas (mit jm) machen
1. etwas ohne Umstände erledigen:
Das Fahrrad ich kann nicht reparieren. Ich mache kurzen Prozeß und werfe es auf den Müll.
2. jn ohne Umstände behandeln, jn kurz abfertigen:
Wegen seiner Frechheiten machte der Chef kurzen Prozeß mit ihm und warf ihn hinaus.

.PUDEL - wie ein begossener Pudel dastehen
beschämt, kleinlaut sein:
Was ist denn passiert? Du stehst ja da wie ein begossener Pudel.

.PULVER - sein Pulver (vorzeitig) verschossen haben
seine Mittel, Argumente, Energien verschwendet haben, bevor die eigentlichen Schwierigkeiten beginnen:
Anstatt seine besten Trümpfe noch zurückzuhalten, hat er sein ganzes Pulver schon vorzeitig verschossen.
- das Pulver hat er nicht erfunden
er ist nicht klug, er ist dumm:
Von dem kannst du nichts anderes erwarten. Der hat das Pulver bestimmt nicht erfunden.

.PULVERFASS - auf dem Pulverfaß sitzen
sich in großer Gefahr befinden:
In diesem Land muß man immer mit Revolten rechnen. Man sitzt dort auf dem Pulverfaß.

.PUNKT - ein wunder Punkt
eine empfindliche Stelle, eine kritische Stelle in einer Angelegenheit:
Der wunde Punkt bei dir ist, daß du immer so leicht beleidigt bist.
- jetzt mach mal'n Punkt

höre endlich mit dieser Sache auf:
Jetzt mach mal'n Punkt. Der hat dich überhaupt nicht beleidigt.

.PUPPE - bis in die Puppen
sehr lange:
Wann wollt ihr denn endlich aufstehen? Ihr schlaft ja bis in die Puppen!

.QUARK - Quark reden (starker Ausdruck)
Unsinn reden:
Was redest du für einen Quark! Das stimmt doch gar nicht, was du da sagst.

.QUERE - jn in die Quere kommen
1. jn stören bei etwas:
Bitte komm mir jetzt nicht in die Quere, ich muß meine Koffer packen. Und ich habe nicht mehr viel Zeit.
2. js Pläne durch unerwartetes Dazwischentreten durchkreuzen:
Ich ahnte doch, daß die Opposition mit ihrem Antrag der Regierung noch in die Quere kommt.

.QUITT - miteinander quitt sein
gegenseitig keine Forderungen mehr haben, eine Angelegenheit untereinander erledigt haben:
Wenn du mir jetzt noch 10 Mark gibst, sind wir miteinander quitt.

.RACHEN - jm etwas in den Rachen werfen
jm etwas geben, ohne daß dieser sich darum zu bemühen brauchte:
Es ist mir unverständlich, warum er diesem Halunken so viel Geld in den Rachen wirft.

.RAD - unter die Räder kommen
zugrunde gehen:
Wenn Sie auf Ihren leichtsinnigen Jungen nicht aufpassen, kommt er noch unter die Räder.

.RAHM - den Rahm abschöpfen
sich das Beste nehmen:
Bei dem Geschäft hat Ihr Partner den Rahm abgeschöpft.

.RAND - außer Rand und Band geraten
aufgeregt werden:
Bei der Entscheidung des Schiedsrichters gerieten die Fußballfans außer Rand und Band.
- mit jm (etwas) nicht zu Rande kommen
mit jm (etwas) nicht fertig werden:
Eigentlich wollte sie Lehrerin werden. Da sie aber mit den Schülern nicht zu Rande kam, hat sie ihren Plan aufgegeben.

.RANG - alles mit Rang und Namen
die Prominenz:
Zu den Feierlichkeiten kam alles, was Rang und Namen hatte.
- jm den Rang ablaufen
jn übertreffen:
Bei dem Tanzturnier lief ein bis dahin unbekanntes Paar dem Meisterpaar den Rang ab.

.RANGEHEN - an etwas rangehen
mit einer Arbeit, mit einem Unternehmen beginnen:
Also gehen wir ran, damit wir mit der Arbeit bis zum Abend fertig werden.

.RAT - nun ist guter Rat teuer
was soll man jetzt tun? (Redensart in einer ausweglosen Situation) :
Der Zustand des Kranken war so schlecht, daß er nicht operiert werden konnte. Da war guter Rat teuer.
- jm mit Rat und Tat zur Seite stehen
Siehe .SEITE.

RÄUBER - unter die Räuber fallen
in eine üble Lage oder in schlechte Gesellschaft geraten:
Keine Sorge! Mir geht es gut, und ich bin doch nicht unter die Räuber gefallen.

.RÄUBERHÕHLE - es sieht aus wie in einer Räuberhöhle
es sieht sehr unordentlich aus:
Du solltest mal dein Zimmer aufräumen. Hier sieht es ja aus wie in einer Räuberhöhle.

.RAUCHEN - gleich raucht's (starker Ausdruck)
gleich gibt es Krach:
Wenn du nicht bald mit der Arbeit anfängst, raucht's.

.RÄUMEN - das Feld räumen
nachgeben, aufgeben:
Als er sah, daß sein Rivale mehr Chancen bei dem Mädchen hatte, räumte er das Feld.
- jn aus dem Wege oder **auf die Seite räumen** oder **schaffen**
jn umbringen, jn töten:
Er hätte seinen Rivalen am liebsten aus dem Wege geräumt.

.RECHNUNG - die Rechnung geht nicht auf
es wird anders als man denkt:
Wir dachten, wir könnten ein gutes Geschäft machen, aber unsere Rechnung ging nicht auf.
- die Rechnung ohne den Wirt machen
sich täuschen, sich irren:
Er hatte damit gerechnet, daß sein Vater ihm seinen Wagen zur Verfügung stellen würde; aber er hatte die Rechnung ohne den Wirt gemacht.
- auf seine Rechnung kommen
befriedigt werden:
Auf dem Ball ist jeder auf seine Rechnung gekommen.
.RECHT - sich recht und schlecht durchschlagen oder **durchs Leben schlagen**
ein sorgenvolles, aber ehrliches Leben führen:
Er muß sich mit seiner kinderreichen Familie recht und schlecht durchschlagen.
- du bist mir der Rechte
1. von dir hätte ich das nicht gedacht:
Du versprachst doch, pünktlich zu kommen, und nun läßt du uns über eine Stunde warten. Du bist mir der Rechte!
2. Du machst mehr Schaden, als du nützt:
Du willst mir helfen und zerschlägst meine schönste Vase. Du bist mir der Rechte!

- die rechte Hand sein
Siehe .HAND.
- das Ding oder Kind beim rechten oder **richtigen Namen nennen**
Siehe .NAME.

.RECHT - das Recht mit Füßen treten
das Recht mißachten:
Man darf das Recht eines andern nicht mit Füßen treten.

.REDE - jn zur Rede stellen
von jm verlangen, daß er zu einer bestimmten Sache etwas sagt, oder daß er antwortet:
Wegen ihrer Lüge wurde sie von ihrer Mutter zur Rede gestellt.
- jm Rede und Antwort stehen
auf js Fragen antworten:
Er sollte wegen seiner Unkorrektheiten beim Chef Rede und Antwort stehen.

.REDEN - du hast gut reden
du kannst leicht deine Meinung sagen, weil du nicht die Schwierigkeiten hast:
Du hast gut reden. Meine Lage ist nicht so einfach, wie sie aussieht.
- wie ein Buch reden
sehr viel sprechen:
Tante Olga ist eine Nervensäge, sie redet wie ein Buch.
- reden, wie einem der Schnabel gewachsen ist
ohne Überlegung und ohne guten Stil reden:
Jeder mochte den alten Mann. Er war so natürlich und redete, wie ihm der Schnabel gewachsen war.

.REGEL - nach allen Regeln der Kunst
mit allen Mitteln:
Man darf ihm nicht glauben. Er lügt nach allen Regeln der Kunst.

.REGEN - vom Regen in die Traufe kommen
von einer schlimmen Lage in eine noch schlimmere kommen:
Sie glaubte, sich in ihrer neuen Stellung verbessern zu können, aber sie ist vom Regen in die Traufe gekommen.

.REGENWETTER - er macht ein Gesicht wie zehn Tage Regenwetter
er macht ein sehr trübsinniges Gesicht:
Nanu, was ist dir denn passiert? Du machst ja ein Gesicht wie zehn Tage Regenwetter.

.REIBEN - sich die Hände reiben
sich (über den glücklichen Ausgang einer unangenehmen Sache) freuen:
Über den Abschluß eines so großen Auftrags rieb sich der Boß vergnügt die Hände.

.REIHE - an die Reihe kommen
der nächste sein:
Wer kommt jetzt an die Reihe?
- aus der Reihe tanzen
etwas anderes tun als die übrigen:
Du kommst nicht mit uns? Warum mußt du immer aus der Reihe tanzen?
.REIN - etwas ins reine bringen
eine Sache in Ordnung bringen:

Bis nächsten Monat will der Schuldner die Sache ins reine bringen.
- mit jm ins reine kommen
mit jm einig werden:
Über die Liefertermine sind wir ins reine gekommen.
- eine reine Weste haben
unbescholten sein:
Er war an der Unterschlagung nicht beteiligt und hat eine reine Weste.

.REISSAUS - Reißaus nehmen
feige fliehen, ängstlich davonlaufen:
Als die Jungen merkten, daß sie beim Stehlen beobachtet wurden, nahmen sie Reißaus.

.REISSEN - sich um etwas reißen
etwas unbedingt haben wollen:
Beim Ausverkauf rissen sich die Hausfrauen um die preiswerten Angebote.

.REITEN - Prinzipien reiten
Prinzipien immer wieder anwenden:
Er ist ein Pedant. Selbst in Kleinigkeiten reitet er seine Prinzipien.
- ihn hat der Teufel geritten
er wußte nicht, was er tat:
Wie er das tun konnte, kann er nicht mehr sagen. Ihn muß wohl der Teufel geritten haben.
- auf etwas herumreiten
immer bei demselben Thema bleiben.
Können wir nicht das Thema wechseln? Wir müssen ja nicht immer auf derselben Sache herumreiten.

.REST - jm den Rest geben
jn zugrunde richten, jn ruinieren:
Die Wirtschaftsflaute im letzten Jahr hat der Firma endgültig den Rest gegeben.

.RICHTIG - bei ihm ist's wohl nicht ganz richtig im Oberstübchen? (d.h. im Kopf)
er ist wohl nicht ganz gescheit, er ist wohl verrückt?
Wie kann er das behaupten? Bei ihm ist's wohl nicht ganz richtig im Oberstübchen.

.RIECHEN - das konnte ich nicht riechen
das konnte ich nicht wissen oder ahnen:
Ich konnte ja nicht riechen, daß du heute noch ausgehen wolltest.
- jn nicht riechen können (starker Ausdruck)
jn nicht leiden können:
Ich kann ich den Kerl einfach nicht riechen.

.RIECHER - einen guten Riecher haben
eine feine Nase (für den Vorteil) haben, alles gleich merken:
Für ein gutes Geschäft hat er schon immer einen guten Riecher gehabt.

.RIEGEL - einer Sache einen Riegel vorschieben
eine geplante Angelegenheit verhindern:
Den Preistreiberei sollte endlich einmal ein Riegel vorgeschoben werden.

.RIPPE - ich kann es mir doch nicht aus den Rippen schneiden
ich weiß nicht, woher ich es nehmen soll:
Das ist zu teuer. Wir können uns das Geld doch nicht aus den Rippen schneiden.

.ROCKZIPFEL - der Mutter am Rockzipfel oder **an der Schürze oder am Schürzenzipfel hängen**
unselbständig sein:
Mit dreißig Jahren hängt er noch immer am Rockzipfel seiner Mutter, er ist ein richtiges Muttersöhnchen.

.RÖHRE - in die Röhre schauen
von etwas, was für alle bestimmt ist, nichts abbekommen:
Alle stürzten sich auf das kalte Büfett, so daß es gleich leer war. Ich konnte nur noch in die Röhre schauen.

.ROLLE - eine große Rolle spielen
1. wichtig sein:
Geld spielt bei euch ja keine große Rolle.
2. viel gelten:
Überall war er ein gern gesehener Gast und spielte immer eine große Rolle.
.ROLLEN - der Stein oder **die Sache kommt ins Rollen**
man beginnt, in dieser Angelegenheit etwas zu tun:
Lange genug haben wir auf den Prozeß gewartet. Jetzt endlich kommt der Stein ins Rollen.

.ROSE - er ist nicht auf Rosen gebettet
es geht ihm wirtschaftlich nicht gut
Er kann sich kein Auto leisten, denn er ist finanziell nicht auf Rosen gebettet

.ROSINE - große Rosinen im Kopf haben
große Pläne haben:
Die Eltern haben mit ihrem Sohn große Rosinen im Kopf.
- (sich) die Rosinen aus dem Kuchen picken
(sich) das Beste heraussuchen:
Bei der Erbschaft haben wir uns die Rosinen aus dem Kuchen pickt.

.ROSS - sich aufs hohe Roß oder **Pferd setzen**
Siehe .PFERD.

.ROT - einen Tag im Kalender rot anstreichen
sich einen Tag besonders gut merken:
Du kommst ja mal pünktlich zur Arbeit. Das muß man im Kalender rot anstreichen.

.RÜCKEN - jm in den Rücken fallen
verräterisch gegen jn handeln:
Warum mußt du mir in den Rücken fallen, wenn ich beim Chef gerade etwas zu erreichen suche.

- es läuft einem kalt über den Rücken
es schaudert einen:
Bei dem Krimi läuft es einem regelrecht kalt über den Rücken.
- einen breiten Rücken haben
unempfindlich gegen die Meinung oder die Vorwürfe anderer sein:
Sage mir ruhig deine Meinung! Ich habe einen breiten Rücken.

.RÜCKGRAT - jm das Rückgrat stärken
jn ermutigen, jm Mut einflößen:
Du mußt ihm den Rücken stärken, bevor er mit seinem Chef wegen der Gehaltserhöhung sprechen will.
- jm das Rückgrat brechen
jn ruinieren:
Die große wirtschaftliche Flaute im vergangenen Jahr hat dem angesehenen Geschäftsmann das Rückgrat gebrochen.

.RUDER - ans Ruder kommen
an die Macht kommen, eine leitende Stellung erhalten:
Bei den letzten Wahlen sind die Demokraten ans Ruder gekommen.

.RÜHREN - er stand wie vom Donner gerührt da
er stand erschüttert da:
Als er von dem tödlichen Unfall seines Bruders hörte, stand er wie vom Donner gerührt da.

.RUMMEL - ich kenne den Rummel
ich kenne den Betrieb, ich verstehe etwas davon:
Die Vorführung einer neuen Modekollektion ist immer sehr aufregend. Ich kenne den Rummel.

.RÜTTELN - daran ist nicht zu rütteln
das läßt sich nicht ändern:
An der Verordnung über eine harte Bestrafung bei Trunkenheit am Steuer ist nicht zu rütteln.

.SÄBEL - mit dem Säbel rasseln
mit Krieg drohen:
Um den Gegner einzuschüchtern, ist es in der Politik seit alters her üblich, mit dem Säbel zu rasseln.

.SACHE - sich seiner Sache sicher sein
etwas genau wissen, etwas gut können:
Sie ging ganz ruhig in die Prüfung, denn sie war sich ihrer Sache sicher.
- bei der Sache sein
sich auf etwas konzentrieren:
Wenn Märchen erzählt werden, sind die Kleinen immer ganz bei der Sache.
- mit jm gemeinsame Sache machen
sich mit jm verbünden:
Der Polizist hat mit den Einbrechern gemeinsame Sache gemacht.

.SACK - mit Sack und Pack ausziehen
mit seinem ganzen Besitz ausziehen:
Nach der Ausweisung zogen die Vertriebenen mit Sack und Pack aus dem Land.
- jn in den Sack stecken
1. jm überlegen sein:

Im Schachspielen steckt Leo jeden in den Sack.
2. jn betrügen:
Hüte dich vor ihm. Er versucht gern, andere in den Sack zu stecken.

.SACKGASSE - in eine Sackgasse geraten
keinen Ausweg finden:
Die Wirtschaftspolitik der Regierung ist in eine Sackgasse geraten.

.SAGEN - das Sagen haben
die Entscheidungsgewalt haben:
Bei Müllers hat die Frau das Sagen.
- das hat nichts zu sagen
das ist ohne Bedeutung, bedeutungslos:
Der kleine Produktionsfehler hat wirklich nichts zu sagen.
- sich nichts sagen lassen
eigenwillig sein, trotzig sein:
Junge Leute lassen sich von den Erwachsenen nichts sagen.
- er hat nichts zu sagen
er hat keine Befehlsgewalt, er hat nichts zu bestimmen:
Anordnungen erteilt nur der Seniorchef; der Juniorchef hat nichts zu sagen.
- sich etwas nicht zweimal sagen lassen
etwas sehr gern tun:
Wir haben den Kindern den Kinobesuch erlaubt. Das haben sie sich nicht zweimal sagen lassen.
- sage und schreibe
tatsächlich, wirklich, ob man es glaubt oder nicht:
Das Auto hat sage und schreibe 80 000 Mark gekostet.
- es ist nicht zuviel gesagt
es ist keine Übertreibung:
Seine Tochter ist grundhäßlich, das ist bestimmt nicht zuviel gesagt.
- es ist nicht gesagt
man kann es nicht bestimmt voraussagen:
Die Börsenkurse sind stark gefallen; es ist nicht gesagt, ob sie nicht noch weiter fallen werden.

.SAITE - andere Saiten aufziehen
strenger sein als bisher:
Mit unserer Gutmütigkeit kommen wir nicht weiter. Wir müssen jetzt andere Saiten aufziehen.

.SAMT - samt und sonders
alle :
Als die Kinder müde nach Hause kamen, steckte sie die Mutter samt und sonders ins Bett.

.SAND - wie Sand am Meer
sehr viel(e):
Auf dem Filmball sah man hübsche Mädchen wie Sand am Meer.
- im Sande verlaufen
ergebnislos enden:
Die Verhandlungen über den Neubau einer Kirche verliefen im Sande.

- etwas auf Sand bauen
etwas tun, was unsicher ist:
Wenn du glaubst, durch Spekulationen zu Geld zu kommen, dann hast du auf Sand gebaut.
- jm Sand in die Augen streuen
jn täuschen:
Um die Situation seiner Firma zu verschleiern, versuchte er, allen Sand in die Augen zu streuen.

.SANGLOS - sang- und klanglos verschwinden
unbemerkt verschwinden:
Der gescheiterte Politiker verschwand sang- und klanglos von der politischen Bühne.
.SATT - etwas satt haben
einer Sache überdrüssig sein:
Jeden Tag Nichtstun hat man sehr bald satt.

.SATTEL - jn in den Sattel heben
jn bei seinen Bemühungen unterstützen:
Er wollte seinen Neffen mit Hilfe seiner guten Beziehungen in den Sattel zu heben.
- jn aus dem Sattel heben
jn verdrängen:
Der Kandidat setzte alles daran, seinen Konkurrenten aus dem Sattel zu heben.
- in allen Sätteln gerecht sein
Siehe .GERECHT.

.SAUER - sauer verdientes Geld
mit viel Mühe und Arbeit verdientes Geld:
Der Betrüger brachte viele kleine Leute um ihr sauer verdientes Geld.
- sauer reagieren
ablehnen, abweisen, (auf einen Wunsch) nicht eingehen:
Auf unseren Vorschlag, mit uns eine Autofahrt zu machen, reagierte sie sauer.

.SCHACHTEL - eine alte Schachtel (starker Ausdruck)
eine alte Frau:
Der neue Hut stand ihr gar nicht, sie sah aus wie eine alte Schachtel.

.SCHÄDEL - einen dicken Schädel haben
eigensinnig sein:
Er ist willensstark. Den dicken Schädel hat er wohl von seinem Vater geerbt.
- sich den Schädel einrennen
sich durch seinen Eigensinn schaden:
Und wenn du dir den Schädel einrennst, so kommst du nicht weiter.
- mit dem Schädel oder **Kopf durch die Wand wollen**
Siehe .KOPF.

.SCHÄFCHEN - sein Schäfchen ins trockene bringen
sein Geld in Sicherheit bringen, sich einen Gewinn sichern:
Sie hatten für die Zukunft vorgesorgt und ihr Schäfchen beizeiten ins trockene gebracht.

.SCHAFFEN - etwas auf die Seite schaffen
sich etwas auf unredliche Weise aneignen:
Der Transportarbeiter wurden entlassen, weil er immer etwas für sich auf die Seite geschafft hatte.
- ich will mit ihm nichts mehr zu schaffen haben
ich will mit ihm nichts mehr zu tun haben, nicht mehr verkehren, nicht mehr sprechen:

Er hat mich betrogen. Mit ihm will ich nun nichts mehr zu schaffen haben.
- jm viel zu schaffen machen
jm viel Mühe, Arbeit machen:
Die Beseitigung der Arbeitslosigkeit macht der Regierung viel zu schaffen.
- er hat es geschafft
er hat sein Ziel erreicht, er hat Erfolg gehabt:
Er hat viel tun müssen, bis seine Firma saniert war. Jetzt hat er es geschafft.
- wie für ihn geschaffen
sehr gut für ihn geeignet:
Der Schauspieler hatte die Rolle sehr gut gespielt. Sie war wie für ihn geschaffen.
- jn aus dem Wege schaffen oder **räumen**
Siehe .RÄUMEN.

.SCHANDE - jn mit Schimpf und Schande wegjagen
jn unehrenhaft fortjagen:
Der Beamte wurde wegen Bestechung mit Schimpf und Schande aus dem Amt gejagt.
- etwas zu Schanden machen
etwas verderben, etwas entzwei machen:
Unsere ganze Arbeit ist durch eure Unachtsamkeit zu Schanden gemacht worden.
- ich muß es zu meiner Schande gestehen
ich muß es zugeben, obwohl es mir unangenehm ist:
Ich muß es zu meiner Schande gestehen, auch ich habe mich geirrt..

.SCHATTEN - er kann nicht über seinen Schatten springen
er kann sich nicht anders verhalten, als es seiner Natur entspricht:
Man kann von ihm keine Großtaten erwarten, niemand kann über seinen Schatten springen.
- das stellt alles andere in den Schatten
das übertrifft alles andere:
Das neueste Werk des Malers stellt alle seine früheren Werke weit in den Scharten.

.SCHAU - etwas zur Schau tragen
etwas (in seinem Wesen, in seinem Äußeren) zeigen:
Dort geht die Verlobte unseres Juniorchefs. Sie trägt ständig ein arrogantes Wesen zur Schau.

.SCHAUFELN - sich sein eigenes Grab schaufeln
sich selbst schaden, ruinieren:
Wenn Sie mit dem Gauner Geschäfte machen, schaufeln Sie sich Ihr eigenes Grab.

.SCHEIBE - sich von jm eine Scheibe abschneiden
sich jn als Vorbild nehmen:
Unser Jüngster könnte sich von seinem Bruder, der alle seine Examen bestanden hat, eine Scheibe abschneiden.

.SCHEIN - der Schein trügt
das Äußere ist nicht immer wahr:
Die Diebin macht den Eindruck einer biederen Frau. Da zeigt es sich, daß der Schein oft trügt.

.SCHEITEL - vom Scheitel bis zur Sohle
von oben bis unten, vollkommen:
Sie dürfen ihm ruhig ihre Tochter anvertrauen, er ist ein Ehrenmann vom Scheitel bis zur Sohle.

.SCHEITERN - er ist eine gescheiterte Existenz
er ist ein unfähiger Mensch:
Dieser Mann ist eine gescheiterte Existenz.

.SCHELM - jm sitzt der Schelm im Nacken
zu Neckereien aufgelegt sein:
Nimm dich vor ihr in acht. Ihr sitzt der Schelm im Nacken.

.SCHEMA - nach Schema F
Siehe .F.

.SCHIEF - auf die schiefe Bahn kommen
ein unehrenhaftes Leben beginnen:
Durch schlechten Umgang kann der beste Mensch auf die schiefe Bahn kommen.
- schief gewickelt sein
im Irrtum sein:
Mit deiner Ansicht bist du vollkommen schief gewickelt.
- das wirft ein schiefes Licht auf sie
Siehe .WERFEN.

.SCHIESSEN - schieß mal los!
erzähle!:
Wie war es denn auf der Reise? Schieß mal los!
- etwas schießen lassen
etwas aufgeben, auf etwas verzichten:
Den Plan, mir ein Haus zu kaufen, habe ich längst schießen lassen.
- etwas (jd) ist zum Schießen
etwas (jd) ist zum Totlachen:
Als die Stimmung ihren Höhepunkt erreicht hatte, führte Onkel Max ein paar flotte Tänze aus seiner Jugendzeit vor. Es war zum Schießen.

.SCHIESSHUND - wie ein Schießhund aufpassen
scharf aufpassen:
Kleine Kinder haben immer Dummheiten im Sinn. Man muß auf sie wie ein Schießhund aufpassen.

.SCHILD - etwas im Schilde führen
etwas beabsichtigen, etwas Unrechtes planen / im Sinn haben:
Ich möchte nur wissen, was meine Gegner gegen mich alles im Schilde führen.

.SCHIMMER - keinen (blassen) Schimmer haben
keine Ahnung haben:
Von Börsengeschäfte haben die meisten Leute keinen blassen Schimmer.

.SCHINDEN - sich schinden
sich quälen, sich plagen:
Der Landarbeiter mußte sich schinden, um seine fünfköpfige Familie satt zu bekommen.
- Eindruck schinden
versuchen, Eindruck zu machen:

Horst erzählte von seinen großen Plänen, nur um bei seinem zukünftigen Schwiegervater Eindruck zu schinden.

.SCHINDLUDER - mit jm Schindluder treiben
jn schlecht behandeln:
Ich verbitte mir diese Behandlung. Ich lasse mit mir nicht Schindluder treiben.

.SCHIPPE - jn auf die Schippe nehmen
jn verulken, seinen Scherz mit jm machen:
Onkel Willibald ist ein Spaßvogel. Er nimmt die Jungen immer gern auf die Schippe.

.SCHISS - Schiß haben (derber Ausdruck)
große Angst haben:
Unter Männern ist er gar nicht schüchtern, aber vor seiner Frau hat er Schiß.

.SCHLAFEN - über eine Sache schlafen
sich eine Sache noch einmal überlegen:
Sie brauchen sich jetzt noch nicht zu entscheiden. Schlafen Sie erst einmal über die Sache.

.SCHLAFITTCHEN - jn beim Schlafittchen fassen oder **nehmen oder kriegen**
jn fassen, jn rügen, tadeln:
Als der Vater merkte, sein Junge heimlich geraucht hatte, nahm er ihn beim Schlafittchen.

.SCHLAG - wie vom Schlag gerührt sein
sehr erschrocken sein:
Bei der Nachricht, daß mein Vetter bei einem Autounfall ums Leben gekommen war, war ich wie vom Schlag gerührt.
- das war ein Schlag ins Wasser
das war vergebens:
Wir bedauerten ihn, weil alle seine Bemühungen um eine Stellung ein Schlag ins Wasser waren.
- es geht Schlag auf Schlag
es geht schnell hintereinander:
Die Unglücksnachrichten trafen Schlag auf Schlag ein.
- mit einem Schlag
plötzlich, auf einmal:
Durch ihre unerwartete Erbschaft waren sie mit einem Schlag reiche Leute.

.SCHLAGEN - sich etwas aus dem Kopf oder **Sinn schlagen**
einen Plan aufgeben:
In diesem Jahr müssen wir uns leider die Ferienreise aus dem Kopf schlagen.
- eine geschlagene Stunde
eine volle Stunde:
Wir haben eine geschlagene Stunde in strömendem Regen auf den Bus gewartet.
- er weiß, was es oder **die Uhr geschlagen hat**
er kennt die Sachlage:
Er hat sich rechtzeitig von dem Vorhaben zurückgezogen, denn er ahnte, was die Uhr geschlagen hatte, wenn es mißlingen würde.

- das schlägt dem Faß den Boden aus
das ist unerhört, das ist eine Unverschämtheit:
Wie du mit den Leuten umgehst, das schlägt dem Faß den Boden aus.
- über die Stränge schlagen
Siehe .STRANG.

.SCHLECHT - bei jm schlecht angeschrieben sein
bei jm nicht in Gunst stehen:
Wegen ihres Strebertums ist sie bei ihren Mitschülerinnen schlecht angeschrieben.

.SCHLECHTMACHEN - jn schlechtmachen
über jn häßlich reden:
Er macht bei seinem Vorgesetzten alle seine Kollegen schlecht.

.SCHLICHE - alle Schliche kennen
alle geheimen Möglichkeiten oder Tricks kennen:
Ein erfolgreicher Unternehmer muß alle Schliche kennen.

.SCHLIESSEN - eine geschlossene Gesellschaft
eine Gesellschaft, eine Veranstaltung, zu der kein Außenstehender Zutritt hat:
Geschlossene Gesellschaften dürfen auch noch nach der Polizeistunde im Lokal bleiben.

.SCHLINGE - jm die Schlinge um den Hals legen
jn ruinieren:
Mit seinen überhöhten Kreditzinsen versuchte der Wucherer, vielen Schuldnern die Schlinge um den Hals zu legen.
- sich geschickt aus der Schlinge ziehen
sich geschickt einer unangenehmen, gefährlichen Lage entziehen:
Er versteht es, sich geschickt aus der Schlinge zu ziehen, selbst wenn die Situation noch so brenzlich wird.

.SCHLIPS - jm auf den Schlips treten
jn kränken, beleidigen:
Warum ist sie denn so mürrisch ? Habe ich ihr etwa auf den Schlips getreten?
- sich auf den Schlips getreten fühlen
gekränkt sein:
Fühle dich doch nicht immer gleich wegen jeder Kleinigkeit auf den Schlips getreten.

.SCHLITTEN - mit jm Schlitten fahren
jm einen Verweis geben:
Wenn wir als Kinder nicht pünktlich zu Hause waren, fuhr unser Vater immer Schlitten mit uns.
- unter den Schlitten kommen
in schlechte Gesellschaft geraten und herunterkommen:
Wenn du dir nicht bessere Freunde suchst, wirst du eines Tages unter den Schlitten kommen.

.SCHLOSS - hinter Schloß und Riegel sitzen
im Gefängnis sein:
Niemand hätte geahnt, daß mein Nachbar ein Doppelleben führte. Jetzt sitzt er hinter Schloß und Riegel.

.SCHLOT - rauchen (qualmen) wie ein Schlot
sehr stark rauchen:
Du steckst dir ja schon wieder eine Zigarette an. Du qualmst wirklich wie ein Schlot.

.SCHLUCKER - ein armer Schlucker
ein armer Mensch:
Er ist wirklich ein armer Schlucker. Er kann sich keinen Urlaub leisten.

.SCHLUSSPUNKT - einen Schlußpunkt hinter etwas setzen
mit etwas endgültig abschließen, um etwas Neues zu beginnen:
Weinend versprach sie, hinter ihr bisheriges Leben einen Schlußpunkt zu setzen und neu anzufangen.

.SCHLUSSTRICH - unter eine Sache einen Schlußstrich ziehen
Schluß mit einer Sache machen, eine Sache beenden:
Die beiden Familien lagen jahrelang im Erbenstreit, bis sie jetzt endgültig einen Schlußstrich unter die Sache zogen und sich einigten.

.SCHMALHANS - bei ihnen ist Schmalhans Küchenmeister
sie haben wenig zu essen:
Gegen Monatsende ist bei uns Schmalhans Küchenmeister, da müssen wir sparen.

.SCHMERZLOS - kurz und schmerzlos
ohne viele Umstände:
Ich habe Ihnen eine unangenehme Nachricht zu überbringen? Ich mache es kurz und schmerzlos und sage Ihnen sofort, worum es geht.

.SCHMIERE - Schmiere stehen
aufpassen, ob jemand kommt, während die Komplicen einbrechen:
Während der Angeklagte die Schaufensterscheibe zerbrach, stand sein Komplice Schmiere.
- eine Schmiere
ein kleines, schlechtes Theater:
Bevor er entdeckt wurde, spielte der berühmte Künstler an einer Schmiere.

.SCHMIEREN - jm etwas aufs Butterbrot schmieren
jm Vorhaltungen machen:
Sie schmierte ihm fast täglich aufs Butterbrot, daß er sie einmal betrogen hatte
- jn schmieren
jn bestechen:
Es ist Beamten streng untersagt, sich schmieren zu lassen.

.SCHMIERIG - schmierige oder **schmutzige Geschäfte machen**
unredliche Geschäfte machen:
Es wird immer Leute geben, die schmierige Geschäfte machen wollen.

.SCHMU - Schmu machen
betrügen, für sich heimlich etwas abzweigen:
Um mir die Schuhe zu kaufen, muß ich mit dem Haushaltsgeld Schmu machen.

.SCHMUS - (faulen) Schmus machen
schmeicheln:
Traue nie Menschen, die viel Schmus machen!

.SCHMUTZ - jn (etwas) in den Schmutz zerren oder **ziehen**
jn (bei anderen Leuten) schlechtmachen:
Mußt du denn wirklich alles in den Schmutz ziehen?

.SCHNALLEN - den Gürtel enger schnallen
sich einschränken, den Lebensstandard heruntersetzen:
Bei diesen Preisen müssen wir alle den Gürtel enger schnallen.

.SCHNAUZE - von etwas die Schnauze oder **Nase (gestrichen) voll haben** (derber Ausdruck)
Siehe .NASE.
- den Mund oder **die Schnauze halten** (derber Ausdruck)
Siehe .MUND.

.SCHNEIDE - auf des Messers Schneide stehen
vor der Entscheidung stehen:
Er hatte Glück gehabt. Denn es stand auf des Messers Schneide, ob ihm gekündigt wird oder nicht.

.SCHNEIDEN - er ist seiner Mutter wie aus dem Gesicht geschnitten
er ähnelt seiner Mutter sehr:
Der Sohn meiner Nachbarin ist seiner Mutter wie aus dem Gesicht geschnitten.
- jn schneiden
jm aus dem Wege gehen; vermeiden, jn zu treffen:
Ich weiß nicht, warum sie mich schneidet. Ich habe ihr doch gar nichts getan.

.SCHNEIDER - frieren wie ein Schneider
sehr frieren:
Bei diesem Wetter frieren die Camper wie die Schneider.

.SCHNEIEN - er kommt ins Haus geschneit
er kommt überraschend:
Als wir endlich eine eigene Wohnung hatten, kam meine Schwiegermutter alle fünf Minuten ins Haus geschneit.

.SCHNIPPCHEN - jm ein Schnippchen schlagen
jm einen Streich spielen:
Kinder haben eine Freude daran, Erwachsenen ein Schnippchen zu schlagen.

.SCHNITZEN - er ist aus hartem Holz geschnitzt
er ist sehr willensstark, er ist unempfindlich:
Ihn kann so schnell nichts aufregen, er ist aus hartem Holz geschnitzt.

.SCHNITZER - einen groben Schnitzer machen
einen großen Fehler machen:
Bei der Mathematikaufgabe habe ich einen groben Schnitzer gemacht.

.SCHNÜRCHEN - wie am Schnürchen gehen
planmäßig, reibungslos, ohne Schwierigkeiten, ohne zu stocken vonstatten gehen:
Für die Veranstaltung war alles sorgfältig vorbereitet, alles ging wie am Schnürchen.

.SCHON - nun mach schon!
beeile dich!:
Nun mach schon, sonst versäumen wir noch unseren Zug!
- wenn schon, denn schon
wenn ich diese Sache mache, dann mache ich sie auch gründlich:
Ich kaufe mir diesen teuren Pelzmantel kaufen. Wenn schon, denn schon!

.SCHÖN - ganz schön
sehr:
Gestern hat es ganz schön geregnet.
- jm schöne Worte machen
jm schmeicheln:
Glaub dem nicht! Der macht nur schöne Worte.
- jm schöne Augen machen
mit jm kokettieren:
Lilo macht aber auch allen Männern schöne Augen.
- ein schönes Stück Geld
viel Geld:
Mit dem Verkauf von Antiquitäten wird ein schönes Stück Geld verdient.
- das ist ja eine schöne Bescherung (ironisch)
das ist ja eine unangenehme Überraschung:
Jetzt liegen wir hier mit einer Panne hier fest. Das ist ja eine schöne Bescherung!
- bei jm schön ankommen
js Ärger erregen:
Er wollte sich heute beim Chef beschweren. Da ist er aber schön bei ihm angekommen.
- das wird ja immer schöner! (ironisch)
das wird ja immer schlimmer:
Du tust so gut wie nichts für die Schule und jetzt willst du auch noch mehr Taschengeld. Das wird ja immer schöner.

.SCHOPF - eine Gelegenheit beim Schopf fassen oder **packen**
Siehe .FASSEN.

.SCHÖPFUNG - die Herren der Schöpfung (ironisch)
die Männer:
Für die Herren der Schöpfung gab es eine Schachtel Zigaretten und für die Damen eine Packung Pralinen.

.SCHORNSTEIN - etwas in den Schornstein oder **Kamin** oder **Rauch schreiben**
Siehe .SCHREIBEN.

.SCHOSS - seine Hände in den Schoß legen
nicht mehr arbeiten, müßig sein:
Er ist doch noch viel zu jung, um seine Hände in den Schoß zu legen.

- jm (wie eine reife Frucht) in den Schoß fallen
ohne jegliche Bemühung zu etwas gelangen:
Ohne sein Zutun fiel ihm die Prämie wie eine reife Frucht in den Schoß.
- im Schoß der Familie
bei seiner Familie:
Nach vielen Jahren ist ihr Sohn wieder in den Schoß der Familie zurückgekehrt.

.SCHRAUBE - eine Schraube ohne Ende
eine endlose Angelegenheit:
Preiserhöhungen und danach Lohnerhöhungen ist eine Schraube ohne Ende.
- bei ihm ist eine Schraube los oder **locker** (starker Ausdruck)
er ist geistig nicht normal:
Er redet immer so einen Unsinn, bei dem ist eine Schraube locker.

.SCHRECKLICH - schrecklich lange; schrecklich viel(e)
sehr lange; sehr viel(e):
Ich mußte schrecklich lange auf ihn warten. -
Vor der Theaterkasse standen schrecklich viele Menschen.

.SCHREI - der neueste oder **der letzte Schrei**
die neueste Mode:
Kurze Röcke sind in diesem Jahr wieder der letzte Schrei.

.SCHREIBEN - etwas in den Wind oder **Rauch schreiben**
etwas als verloren betrachten:
Nach dem Konkurs kann ich mein Geld in den Rauch schreiben.

.SCHREIEN - das ist zum Schreien
das ist sehr lustig, das ist zum Lachen:
Zum Schluß des Programms zeigte man Tänze aus alter Zeit. Es war zum Schreien komisch.

.SCHRITT - auf Schritt und Tritt
überall(hin), dauernd:
Der Hund liebt seinen Herrn und folgt ihm auf Schritt und Tritt.
- er konnte (mit dem Unterricht) nicht Schritt halten
er konnte dem Unterricht nicht folgen:
Mein Junge kann mit dem Unterricht nicht Schritt halten.

.SCHROT - ein Mann von echtem Schrot und Korn
ein charaktervoller Mann:
Mein Großvater war ein Mann von echtem Schrot und Korn.

.SCHUH - jm die Schuld in die Schuhe schieben
jm die Schuld, die Verantwortung zuschieben:
Wenn sie einen Fehler machte, schiebt sie ihn gern anderen in die Schuhe.
- der Schuh drückt
Sorgen haben:
Sag mir ruhig, wo dich der Schuh drückt.

.SCHULE - aus der Schule plaudern
Geheimnisse erzählen:
Woher weiß die Konkurrenz von unseren Plänen?. Irgend jemand muß aus der Schule geplaudert haben.

.SCHULTER - etwas auf seine Schultern nehmen
etwas auf sich nehmen, etwas ertragen:
Die Studium seines Neffen will der Onkel auf seine Schultern nehmen.
- jm die kalte Schulter zeigen
jn nicht beachten, jn verächtlich behandeln, jn abweisen:
Als er ihr einen Heiratsantrag machte, zeigte sie ihm die kalte Schulter.
- etwas auf die leichte Schulter nehmen
etwas nicht genügend beachten:
Diese Krankheit darfst du nicht auf die leichte Schulter nehmen.

.SCHUPPE - es fällt mir wie Schuppen von den Augen
Siehe .FALLEN.

.SCHÜRZE(NZIPFEL)- der Mutter am Rockzipfel oder **an der Schürze** oder **am Schürzenzipfel hängen**
Siehe .ROCKZIPFEL.
.SCHUSS - seine Sachen in Schuß halten
seine Sachen in Ordnung halten:
Er ist ein sehr ordentlicher Mensch und hält seine Sachen in Schuß.

.SCHWACH - das schwache oder zarte Geschlecht
die Frauen:
Er hat für das schwache Geschlecht schon immer viel übrig gehabt.
- eine schwache Stunde
die Zeit, in der man nichts ablehnen kann:
Als ich dem Hallodri das Geld geliehen habe , muß ich eine schwache Stunde gehabt haben.
- jn schwach machen
jn belästigen, jn nervös machen:
Die ständige Fragerei der Kinder macht eine Mutter oft ganz schwach.

.SCHWÄCHE - eine Schwäche für etwas haben
etwas besonders lieben:
Hilde hat eine Schwäche für klassische Musik. Sie geht regelmäßig in Konzerte.

.SCHWANZ - das Pferd beim Schwanz aufzäumen
etwas verkehrt beginnen:
Wenn wir das Problem nach deinen Vorschlägen angingen, würde man das Pferd beim Schwanz aufzäumen.

.SCHWÄNZEN - die Schule schwänzen
absichtlich nicht in die Schule gehen, ohne Grund der Schule fernbleiben:
Hans hat gestern die Mathematikstunde geschwänzt. Heute muß er dafür nachsitzen.

.SCHWARM - sie ist sein Schwarm
er ist begeistert von ihr:
Heute geht Kurt in den Liebesfilm gehen. Die Hauptdarstellerin ist nämlich sein Schwarm.

.SCHWÄRMEN - für jn (etwas) schwärmen
von jm (von etwas) begeistert sein:
Meine Schwester schwärmt für einen Jungen aus unserer Nachbarschaft.

.SCHWARTE - eine alte Schwarte
ein altes Buch:
Auf dem Dachboden fanden wir eine alte Schwarte von unserem Vater.
- arbeiten, bis die Schwarte knackt
bis zum Umsinken arbeiten:
Die Gefangenen wurden zur Landarbeit eingesetzt. Sie mußten arbeiten, bis die Schwarte knackte.

.SCHWARZ - dort steht es schwarz auf weiß
dort ist es gedruckt, geschrieben:
Wenn du es mir nicht glauben willst, so lies bitte den Brief, dort steht es schwarz auf weiß.
- ein schwarzer Tag
ein Unglückstag:
Gestern war für mich ein schwarzer Tag. Ich habe meine Tasche mit sämtlichen Ausweisen im Bus liegenlassen.
- jn auf die schwarze Liste setzen
js Namen registrieren, der überwacht werden soll:
Früher wurden straffällige Personen bei der Polizei auf die schwarze Liste gesetzt.
- ins Schwarze treffen
das Wesentliche einer Sache erkennen:
Mit Ihrer Vermutung haben Sie genau ins Schwarze getroffen.
- warten, bis man schwarz wird
sehr lange warten:
Auf dein Geld kannst du warten, bis du schwarz wirst.

.SCHWEBEN - in Lebensgefahr schweben
nahe daran sein zu sterben, dem Tode nahe sein:
Bei dem Schneesturm schwebten die Bergsteiger in größter Lebensgefahr.
- schwebendes Verfahren
noch nicht beendete, abgeschlossene Untersuchung:
Wir konnten der Presse über die Ereignisse keine Auskünfte geben.

.SCHWEIGEN - sich in Schweigen hüllen
nichts sagen:
Obwohl ich dir schon drei Briefe geschrieben habe, hüllst du dich immer noch in Schweigen.

.SCHWEIN - Schwein haben
Glück haben:
Bei der Lotterieausspielung hatte er großes Schwein. Er bekam den Hauptgewinn.

.SCHWEISS - das hat viel Schweiß gekostet oder **an dieser Sache hängt viel Schweiß.**
das hat viel Mühe gemacht:
Der Hausbau hat viel Schweiß gekostet. An dem Haus, das wir ohne fremde Hilfe gebaut haben, hängt viel Schweiß.

- der kalte Schweiß steht ihm auf der Stirn
er hat große Angst:
Wenn er in eine Prüfung gehen muß, steht ihm immer der kalte Schweiß auf der Stirn.

.SCHWELLE - an der Schwelle eines neuen Zeitabschnitts stehen
vor einem neuen Zeitabschnitt stehen:
Bald stehen wir an der Schwelle des 21. Jahrhunderts.

.SCHWELLEN - rede nicht so geschwollen
sprich nicht mit so großen Worten:
Drücke dich doch einfach aus und rede nicht so geschwollen.

.SCHWER - einen schweren Kopf haben
nach überreichlichem Alkoholgenuß oder durch große Sorgen Kopfschmerzen haben; große Sorgen haben:
Gestern haben sie Abschied gefeiert. Daher hat er heute einen schweren Kopf.
- schwer von Begriff sein
nur langsam verstehen:
Der neue Lehrling gibt sich alle Mühe, aber er ist sehr schwer von Begriff.
- schwer reich sein
sehr reich sein:
Durch die Erbschaft sind sie schwerreiche Leute geworden.

.SCHWERT - ein zweischneidiges Schwert sein
gute, aber auch schlechte (negative) Seiten oder Konsequenzen haben:
Lohnerhöhungen sind ein zweischneidiges Schwert, weil sie Preiserhöhungen nach sich ziehen.

.SCHWIMMEN - das Zimmer schwimmt
der Fußboden des Zimmers ist ganz naß:
Ich hatte vergessen, das Badewasser abzustellen. Als wir heimkamen, schwamm unser Badezimmer.

.SCHWINDEL - ich mache den Schwindel nicht mit
ich beteilige mich an dieser undurchsichtigen Sache nicht:
Die Firma steht vor dem Konkurs, und man bat mich, ihr bei der Geldbeschaffung zu helfen, aber den Schwindel mache ich nicht mit.
- der ganze Schwindel (starker Ausdruck)
alles zusammen:
Otto hat ein glänzendes Geschäft gemacht. Er kaufte den ganzen Schwindel, der weit mehr wert ist, für nur 100 Euro.
- ich kenne den Schwindel (starker Ausdruck)
mit der Sache bin ich gut vertraut:
Sie brauchen mir den Vorgang nicht zu schildern, ich kenne den Schwindel.

.SCHWIRREN - mir schwirrt der Kopf
in meinem Kopf geht alles durcheinander:
Mir wurden gestern so viele Leute vorgestellt, daß mir vor lauter Namen der Kopf schwirrte.

.SCHWUNG - die Sache kommt in Schwung
die Sache beginnt Fortschritte zu machen:
Lange genug haben wir auf die Baugenehmigung gewartet, aber jetzt kommt die Sache endlich in Schwung.
- ich bin heute in Schwung
ich bin heute in Stimmung, ich bin heute unternehmungslustig:
Heute bin ich richtig in Schwung, die Verhandlungen zu leiten.

.SEELE - er hat mir aus der Seele gesprochen
was er gesagt hat, entspricht ganz meiner Meinung:
Mit deinen Bedenken hast du mir aus der Seele gesprochen.
- er ist eine Seele von Mensch oder von einem Menschen
er ist ein guter oder gutmütiger Mensch:
Für jeden hatte er ein gutes Wort. Er war eine Seele von Mensch.
- jm etwas auf die Seele binden
jn dringend bitten, etwas zu tun:
Ich habe unserer Nachbarin auf die Seele gebunden, sich während unseres Urlaubs um unsere Blumen zu kümmern.

.SEGEL - jm den Wind aus den Segeln nehmen
jm die Möglichkeit nehmen, etwas zu tun:
Mit seiner Entschuldigung nahm er mir den Wind aus den Segeln, gegen ihn gerichtlich vorzugehen.
- mit vollen Segeln auf sein Ziel losgehen
mit voller Tatkraft sein Ziel verfolgen:
Du mußt nach Abschluß der Schule mit vollen Segeln auf dein Ziel losgehen.

.SEGNEN - ihre Ehe ist mit Kindern gesegnet
sie haben viele Kinder:
Ihre Ehe war mit Kindern gesegnet.
- einen gesegneten Appetit haben
einen guten Appetit haben:
Nach der Feldarbeit hatten wir einen gesegneten Appetit.

.SEHEN - ..., daß einem Hören und Sehen vergeht
..., daß es kaum auszuhalten oder zu ertragen ist:
Die Starts der Flugzeuge verursacht so einen Lärm, daß einem Hören und Sehen vergeht.
- alles in rosigem Licht sehen
optimistisch sein:
Es ist besser, nicht alles immer in rosigem Licht zu sehen.
- sich sehen lassen können
beachtenswert sein:
Die Arbeit des Künstlers kann sich wirklich sehen lassen.
- er kann sich nicht mehr sehen lassen
er muß sich schämen:
Der Sportler glaubt, nach seiner Niederlage könne er sich nicht mehr sehen lassen.
- nach jm (etwas) sehen
sich um jn (etwas) kümmern:
Während unserer Reise wollen unsere Nachbarn nach den Pflanzen sehen.

- eine Sache klar sehen
eine Sache verstehen:
Bisher erschien mir alles sehr mysteriös, aber nach deinen Erklärungen sehe ich die Sache klar.
- alles doppelt sehen
betrunken sein:
Als ich gestern von der Feier zurückkam, sah ich alles doppelt.
- das sieht ihm ähnlich
das kann man nur von ihm erwarten:
Du hast dir so ein altes ein Motorrad gekauft. Das sieht dir ähnlich!

.SEIN - er ist nichts
er hat im Leben keinen Erfolg gehabt, er hat keinen festen Beruf:
Peter ist lediglich eine gute Erscheinung, aber sonst ist er nichts.
- was nicht ist, kann noch werden
es gibt immer noch die Möglichkeit:
Nur nicht die Hoffnung aufgeben, was nicht ist, kann noch werden.
- etwas sein lassen
etwas nicht mehr tun, etwas aufgeben:
Kannst du das Rauchen nicht endlich sein lassen?
- keiner will es gewesen sein
jeder behauptet, es nicht getan zu haben:
Man hat das Licht wieder brennen lassen! Wenn man aber nachfragt, will es keiner gewesen sein.

.SEITE - jm (mit Rat und Tat) zur Seite stehen
jm helfen:
Gute Freunde stehen sich immer gern mit Rat und Tat zur Seite.
- Singen ist meine starke Seite
ich singe sehr gut:
Ich bin nicht unmusikalisch, aber Singen ist nun mal nicht meine starke Seite.
- das ist meine schwache Seite
das tue oder habe ich gern:
Für Konzerne gebe ich mein ganzes Taschengeld aus. Musik ist nun einmal meine schwache Seite.
- etwas auf die Seite legen
etwas für sich sparen oder reservieren:
Es ist immer gut, für Notzeiten etwas Geld auf die Seite zu legen.
- jn von der Seite ansehen
jn verächtlich ansehen:
Ich habe bemerkt, daß mich Frieda immer nur von der Seite ansieht. Was sie nur gegen mich hat?

.SEITENSPRUNG - einen Seitensprung machen
ein Liebesabenteuer suchen:
Sie hat die Seitensprünge ihres Mannes gemerkt.

.SELIG - selig sein
1. glücklich sein:
Meine Schwester hat eine Reise gewonnen. Sie ist ganz selig.

2. (fam) betrunken sein:

Er saß am Kneipentisch, lachte und sang vor sich hin, und jeder sah, daß er schon wieder selig war.

.SEMESTER - er ist ein altes Semester

er ist alt:

Solche Torheiten sollte sich dein Onkel nicht mehr erlauben. Er ist doch schon ein ziemlich altes Semester.

.SEMMEL - weggehen wie warme Semmeln

schnell verkauft werden, sehr begehrt sein:

Die Kleider im Sonderangebot gingen weg wie warme Semmeln.

.SENF - er muß überall seinen Senf dazugeben (starker Ausdruck)

er muß immer ungefragt seine unwesentliche Meinung sagen:

Von der Sache selbst hast du keine Ahnung, aber überall muß du deinen Senf dazugeben.

.SETZEN - aufs falsche Pferd setzen

sich für eine Sache entscheiden, die einem Nachteile bringt:

Bei deiner Entscheidung, zur Konkurrenz zu gehen, hast du bestimmt aufs falsche Pferd gesetzt.

- es setzt Hiebe oder Schläge

es gibt Schläge:

Wenn ihr wieder so schmutzig vom Spielplatz kommt, setzt es Hiebe.

.SICH - an (und für) sich

im Grunde genommen, eigentlich:

Es war ein Wunder, daß bei dem Unglück noch jemand gerettet werden konnte. An (und für) sich hatte niemand mehr mit Überlebenden gerechnet.

- das ist eine Sache für sich

das ist eine heikle oder eine besondere Angelegenheit:

Ich verstehe nichts von Steuern, denn die Steuergesetzgebung ist eine Sache für sich.

- es hat nichts auf sich

es hat keine Bedeutung, es ist unwesentlich:

Es hat nichts auf sich, ob er an den Verhandlungen teilnimmt oder nicht.

- er macht sich

er wird besser, er macht Fortschritte, er entwickelt sich gut:

Er war bisher kein guter Schüler, aber jetzt macht er sich.

- er ist nicht bei sich

er ist ohnmächtig, er ist nicht bei Bewußtsein, er ist nicht bei Sinnen:

Der Arzt sagte, der Patient sei vor seinem Ableben nicht mehr bei sich gewesen.

.SICHER - sicher ist sicher

zuviel Vorsicht ist besser als zuwenig:

Wir werden euch vor unserer Ankunft anrufen. Sicher ist sicher.

- die Firma ist nicht sicher

man kann sich nicht darauf verlassen, daß die Firma zahlt:

Nach Auskunft des Ermittlungsbüros ist die Firma nicht sicher.

.SIEB - sie hat ein Gedächtnis wie ein Sieb
sie vergißt sehr schnell:
Ich habe ihr schon mehrfach meine Telefonnummer gesagt, aber sie kann sie sich einfach nicht merken. Sie hat ein Gedächtnis wie ein Sieb.

.SIEGEL - unter dem Siegel der Verschwiegenheit
streng vertraulich:
Ich verrate dir das nur unter dem Siegel der Verschwiegenheit.

.SINN - für eine Sache (keinen) Sinn haben
für etwas (kein) Interesse haben oder (un)empfänglich sein:
Du hast für Kunst offenbar gar keinen Sinn.
- in den Sinn kommen
1. sich erinnern:
Irgendwo habe ich ihn schon einmal gesehen, aber sein Name will mir nicht in den Sinn kommen.
2. einen Gedanken haben:
Es ist mir nie in den Sinn gekommen, meinen Betrieb aufzugeben.
- seine fünf Sinne beisammen haben
geistig normal sein:
Wer so etwas tut, kann seine fünf Sinne nicht beisammen haben.

.SITZEN - über den Büchern (einer Arbeit) sitzen
eifrig studieren (arbeiten):
Er gönnt sich keine freie Minute, selbst sonntags sitzt er über seiner Arbeit.
- der Schalk oder Schelm sitzt ihm im Nacken
er macht gern Scherze:
Glaube ihm nicht alles, was er erzählt. Der Schalk sitzt ihm im Nacken.
- wegen Diebstahls sitzen
wegen Diebstahls im Gefängnis sein:
Ihr Untermieter ist nicht verreist. Er sitzt wegen Diebstahls.
- etwas nicht auf sich sitzen lassen
etwas nicht unwidersprochen hinnehmen, sich etwas nicht gefallen lassen:
Einen unberechtigten Vorwurf darf man nicht auf sich sitzen lassen.
- der Schlag sitzt
der Schlag traf gut:
Als der Angegriffene zuschlug, stürzte der Bursche zu Boden. Der Schlag hatte gesessen.
- einen sitzen haben
betrunken sein:
Trink nichts mehr! Du hast ja schon einen sitzen.

.SITZENBLEIBEN - (in der Klasse) sitzenbleiben
wegen schlechter Leistungen in der Schule die Klasse wiederholen müssen:
Die Tatsache, daß sein Sohn sitzenbleiben ist, war für ihn ein Schock.
- auf seiner Ware sitzenbleiben (fam)
eine Ware nicht verkaufen können, für seine Ware keine Käufer finden:
Der Kaufmann hatte sich mit einem großen Vorrat eingedeckt, und nun bleibt er auf seiner Ware sitzen.

.SITZENLASSEN - ein Mädchen sitzenlassen
ein Mädchen nicht heiraten, obwohl es ihr versprochen wurde:
Als er das hübsche Mädchen kennenlernte, ließ er kurzerhand seine Verlobte sitzen.
- jn sitzenlassen
nicht zu jm gehen, obwohl man versprochen hat zu kommen:
Nun warten wir schon eine ganze Stunde auf sie. Ich fürchte fast, sie läßt uns sitzen.

.SITZFLEISCH - kein Sitzfleisch haben
nicht lange sitzen mögen:
Büroarbeit ist nichts für mich. Ich habe kein Sitzfleisch.

.SKANDAL - es ist ein Skandal
es ist eine Unverschämtheit:
Es ist ein Skandal, wie man mit den Leuten umgeht.

.SO - so siehst du aus
du irrst dich, das traue ich dir (nicht) zu:
Hast du geglaubt, ich würde dir noch einmal mit Geld aushelfen? So siehst du aus!
- ich will nicht so sein
ich gebe nach:
Eigentlich habe ich ihm verboten, ins Kino zu gehen, aber ich will mal nicht so sein.

.SOCKE - sich auf die Socken machen
fortgehen:
Es wird schon dunkel, wir müssen uns schnellstens auf die Socken machen.
- von den Socken sein
verblüfft, sehr erstaunt sein:
Als ich hörte, daß du inzwischen verheiratet bist, war ich von den Socken.

.SOHLE - sich an js Sohlen heften
dicht bei jm bleiben (beim Gehen):
Ein Passant heftete sich an die Sohlen des Verdächtigen, bis ihn ein Polizist festnehmen konnte.
- es brennt mir unter den Sohlen
ich muß sofort gehen:
Ich habe keine Zeit. Mir brennt es unter den Sohlen, denn meine Frau wartet seit einer Stunde auf mich.
- das habe ich mir längst an den Sohlen abgelaufen
das ist mir nicht neu, diese Erfahrung habe ich schon lange gemacht:
Ihre Erfahrungen sind nicht neu. Das habe ich mir längst an den Sohlen abgelaufen.
- auf leisen Sohlen
sehr leise:
Wir gingen auf leisen Sohlen aus dem Zimmer.

.SONST - sonst wer
1. irgend jemand:
Die Arbeit muß heute erledigt werden. Entweder machst du sie oder sonst wer.
2. eine besonders wichtige Persönlichkeit:
Er ist sehr überzeugt von sich und glaubt, er sei sonst wer.

.SORGENKIND - er (etwas) ist ein Sorgenkind
er (etwas) macht (seiner Familie) Sorgen:
Von zwölf Monaten ist er mindestens sechs krank. Er ist das Sorgenkind der Familie.

.SPAN - daß die Späne fliegen
mit Eifer (arbeiten):
Du arbeitest ja, daß die Späne nur so fliegen.

.SPANISCH - das kommt mir spanisch vor
das verstehe ich nicht; ich fürchte, da stimmt etwas nicht:
Mein Vater ist jetzt ist noch nicht da. Das kommt mir spanisch vor. Er ist doch sonst pünktlich.

.SPANNEN - gespannt sein
sehr neugierig sein:
Ich bin gespannt, ob du dein Versprechen wirklich hältst.

.SPARREN - einen Sparren (im Kopf) haben (derb)
nicht ganz normal sein:
Den Mann mußt du nicht ernst nehmen. Der hat einen Sparren.

.SPATZ - die Spatzen pfeifen es von den Dächern
allgemein bekannt sein:
Daß ihr euch zu Hause oft streitet, pfeifen doch schon die Spatzen von den Dächern.
- mit Kanonen nach Spatzen schießen
mit übergroßem Aufwand kleine Mißstände beseitigen wollen:
Sie können wegen der kleinen Rauferei nicht gleich die Polizei rufen. Das hieße ja, mit Kanonen nach Spatzen schießen.

.SPECK - wie die Made im Speck leben
gut leben:
Ihr lebt ja hier wie die Made im Speck.
- nichts wie ran an den Speck (starker Ausdruck)
Los! Vorwärts!:
Mit der Arbeit müssen wir heute noch fertig werden. Also nichts wie ran an den Speck!

.SPECKIG - speckig und dreckig
fettig und schmutzig:
Der Anzug muß dringend gereinigt werden. Am Kragen ist er ganz speckig und dreckig.

.SPIEGEL - jm den Spiegel vorhalten
jm unverblümt die Meinung sagen; jm sagen, was man von ihm denkt:
Deine Schwester ist so schrecklich egoistisch. Man sollte ihr einmal den Spiegel vorhalten.
- sich (etwas) hinter den Spiegel stecken
sich eine Zurechtweisung merken:
Wenn ich dir jetzt sage, daß du ein egoistischer Mensch bist, so kannst du dir das ruhig hinter den Spiegel stecken.

.SPIEL - laß mich aus dem Spiel
ich will mit dieser Sache nichts zu tun haben:
Ich habe dich gewarnt, aber du wolltest nicht hören. Jetzt laß mich bitte aus dem Spiel!
- aufs Spiel setzen
riskieren:

Der Bergungstrupp setzte für die verunglückten Bergsteiger sein Leben aufs Spiel.
- ein Spiel mit dem Feuer
eine gefährliche Angelegenheit:
Liebe ist ein Spiel mit dem Feuer.

.SPIESS - wie am Spieße schreien oder **brüllen**
laut schreien:
Das Mädchen hatte einen so großen Schreck bekommen, daß es wie am Spieße brüllte.
- den Spieß umdrehen
statt sich zu verteidigen, das gleiche Argument zum Angriff benutzen:
So, jetzt hast du deine Meinung gesagt. Nun drehen wir mal den Spieß um und sagen, was wir von dir denken.

.SPIESSRUTEN - Spießruten laufen
spöttische Blicke und Bemerkungen hinnehmen müssen:
Nachdem bekannt wurde, daß ihr Mann im Gefängnis ist, muß die Frau immer Spießruten laufen, wenn sie das Haus verläßt.

.SPITZ - eine spitze Zunge haben
immer gehässige Bemerkungen machen:
Auf einen Streit mit Rita darfst du dich nicht einlassen. Sie hat eine spitze Zunge.
- spitz aussehen
schmal im Gesicht aussehen:
Der Patient hatte die Operation zwar gut überstanden, sah aber noch immer sehr spitz aus.
- eine spitze Feder führen
scharfe Kritiken schreiben:
Der Kritiker war gefürchtet, denn es war bekannt, daß er eine spitze Feder führte.
- etwas spitzkriegen
etwas begreifen, herausbekommen, erfahren:
Über den Zaubertrick habe ich lange nachgedacht, jetzt habe ich ihn spitzgekriegt.

.SPITZE - eine Sache auf die Spitze treiben
etwas bis zum äußersten treiben:
Du darfst deine Gutmütigkeit nicht auf die Spitze treiben.
- jm die Spitze bieten
jm Widerstand bieten; jm entgegentreten:
Du versuchst, mir bei jeder sich bietenden Gelegenheit die Spitze zu bieten.
- an der Spitze stehen
an erster Stelle stehen:
Unsere Aktien haben sich weiterhin behauptet und stehen heute sogar an der Spitze.

.SPITZEN - sich auf etwas spitzen
hoffen, etwas zu bekommen:
Er war enttäuscht, denn er hatte sich darauf gespitzt, eingeladen zu werden.
.SPOREN - sich die Sporen verdienen
durch gute Leistungen Verdienste erwerben:
In der Forschung hat sich der junge Wissenschaftler die ersten Sporen verdient.

.SPORNEN - er ist gestiefelt und gespornt
er ist bereit fortzugehen:
Als ich zu Robert kam, war er bereits gestiefelt und gespornt.

.SPOTTEN - jeder Beschreibung spotten
unbeschreiblich schlecht sein:
Dieses Kunstwerk soll ein Meisterwerk sein? Es spottet jeder Beschreibung.

.SPRECHEN - für jn nicht zu sprechen sein
jn nicht empfangen:
Sie fühlte sich nicht wohl und ließ sagen, daß sie für niemand zu sprechen sei.
- gut auf jn zu sprechen sein
jn mögen, Sympathien für jn haben:
Fräulein Braun ist tüchtig und zuverlässig; ihr Chef ist gut auf sie zu sprechen.
- die Sache spricht für ihn
die Sache zeugt von einem guten Charakter, von seiner Tüchtigkeit, etwas erwirbt ihm Sympathien:
Daß er freiwillig die Arbeit seines erkrankten Kollegen übernahm, spricht für ihn.

.SPRINGEN - das springt in die Augen
das ist auffällig, das fällt sehr auf:
In New York springen jedem Touristen sofort die riesigen Wolkenkratzer in die Augen.
- der springende Punkt
das Wesentliche:
Der springende Punkt der Geldentwertung sind die ständigen Lohn- und Preissteigerungen.
- etwas springen lassen
etwas spendieren, etwas ausgeben:
Zu seinem Geburtstag hat er für alle Kollegen etwas springen lassen.

.SPRUNG - auf dem Sprung sein oder **stehen**
bereit sein, etwas zu tun:
Ich wollte dir gerade ein Telegramm schicken, da mir brachte der Postbote deinen Brief.
- (keine) große(n) Sprünge machen
(nicht) verschwenderisch leben, (nicht) viel unternehmen:
Mit meinem kleinen Einkommen kann ich keine großen Sprünge machen.
- jn auf einen Sprung besuchen
jn für kurze Zeit besuchen / vorbeikommen:
Wenn ich in Hamburg bin, versuche ich, dich auf einen Sprung zu besuchen.
- ein (kleiner) Sprung
ein kurzer Weg:
Mit dem Flugzeug ist es von Berlin nach Hannover nur ein Sprung.

.SPUCKE - mir blieb die Spucke weg
ich war sehr erstaunt:
Als er mir sagte, er wolle auswandern, blieb mir die Spucke weg.

.STAAT - mit etwas Staat machen
mit etwas prunken oder prahlen:
Frau Müller kaufte sich den Persianermantel nur, um damit Staat zu machen.

.STAB - den Stab über jn brechen
Siehe .BRECHEN.

.STAMM - er ist vom Stamme „Nimm“
er ist unbescheiden; er nimmt lieber, anstatt zu geben:
Kein Wunder, daß er so viel Geld hat; er ist ja auch vom Stamme „Nimm".

.STAND - gut im Stande sein
in gutem Zustand sein:
Das Auto ist zwar ein altes Modell, aber durchaus noch gut im Stande.

.STANDPUNKT - jm seinen Standpunkt klarmachen
jm seine Meinung deutlich sagen:
Der Chef machte seiner renitenten Angestellten tüchtig seinen Standpunkt klar.

.STANGE - ein Anzug von der Stange
ein Konfektionsanzug, ein fertig gekaufter Anzug (Gegenteil: ein Maßanzug) :
Meinem Mann paßt jeder Anzug von der Stange.
- eine Stange Geld oder Gold
sehr viel Geld:
Mit seinen Krimis hat der Schriftsteller schon eine ganz schöne Stange Geld verdient.
- jm die Stange halten
jn in Schutz nehmen, treu zu jm stehen:
Trotz aller Anfeindungen hat ihm sein Freund immer die Stange gehalten.
- bei der Stange bleiben
beharrlich sein, ausharren:
Wir müssen bei der Stange bleiben und dürfen nicht nachgeben, sonst war unsere ganze Mühe umsonst.

.STAPEL - eine Rede vom Stapel lassen
eine Rede halten:
Bei der Verlobung seiner Tochter ließ er eine sehr launige Rede vom Stapel.

.STARK - das starke Geschlecht
die Männer:
Nur Mut, mein Freund, das starke Geschlecht darf sich vor den Frauen doch nicht schwach zeigen.
- das ist ein starkes Stück
das ist unverschämt:
Das Täuschungsmanöver des Prokuristen war ein starkes Stück.
- sich stark machen für jn (etwas)
sich für jn (etwas) einsetzen:
Ich glaube, deine Sache geht jetzt in Ordnung. Ich habe mich für dich beim Chef stark gemacht.

.STAUB - Staub aufwirbeln
Aufsehen erregen:
Der Prozeß gegen den Politiker hat viel Staub aufgewirbelt.
- sich aus dem Staube machen
heimlich verschwinden, davongehen:
Als die Polizei dem Gauner auf die Spur kam, machte er sich aus dem Staube.

.STAUCHER - einen Staucher bekommen
eine Zurechtweisung, eine Rüge erhalten:

Wegen ihres Zuspätkommens hat Elke von ihrem Lehrer einen Staucher bekommen.

.STAUNEN - Bauklötzer staunen
sehr überrascht sein:
Über die Berufskarriere unseres früheren Schulkameraden staunten wir alle Bauklötzer.

.STECKEN - den Kopf in den Sand stecken
die Tatsachen nicht sehen wollen, die Unannehmlichkeiten nicht erkennen wollen:
Anstatt für Abhilfe zu sorgen, steckt er den Kopf in den Sand.
- hinter jm (etwas) stecken
hinter jm (etwas) verborgen sein:
Ich möchte nur wissen, was hinter der ganzen Sache steckt.
- jm etwas stecken
jm seine wahre Meinung sagen:
Wie kommt er dazu, Unwahrheiten über mich zu verbreiten? Dem werde ich mal meine Meinung stecken.
- in ihm steckt etwas
er ist begabt:
Der bekannte Maler will den jungen Mann ausbilden. Er meint, in ihm stecke etwas.
- wo steckt er?
wo ist er?:
Seit einer halben Stunde suche ich meinen Jungen. Wo er nur steckt?
- in Arbeit stecken
viel Arbeit haben:
Ich habe nicht einmal Zeit, einen kurzen Urlaub zu machen, so stecke ich in Arbeit.

.STECKEN (Nomen)- Dreck am Stecken haben
ein schlechtes Gewissen haben, etwas Unrechtes getan haben:
Wer selber Dreck am Stecken hat, sollte nicht über andere urteilen.

.STECKENPFERD - sein Steckenpferd reiten
seinem Hobby nachgehen:
Im Urlaub reitet er nur sein Steckenpferd und ist den ganzen Tag beim Segeln.

.STEGREIF - aus dem Stegreif
ohne schriftliche Vorlage, ohne Manuskript:
Mein Kollege kann zu jedem Anlaß aus dem Stegreif eine Rede halten.

.STEHEN - es steht schlecht um ihn
es geht ihm schlecht:
Vor der Operation sagten die Ärzte, es stünde schlecht um ihn.
- wie geht's, wie steht's?
wie geht es dir oder Ihnen?:
„Wie geht's, wie steht's", sagte Herr Keller zu mir.
- sich gut mit jm stehen
gute Beziehungen mit jm haben:
Mit unseren Nachbarn stehen wir uns sehr gut.

- sich gut stehen
in einer guten Lage sein, es geht ihm oder ihr gut:
Herr Busch hat zwei große Geschäfte, und soviel ich weiß, steht er sich sehr gut.
- jm gut stehen
jn kleiden:
Das blaue Kleid steht Ihnen sehr gut.
- über einer Sache stehen
eine Sache beherrschen:
Unser Freund Otto will bei unseren Differenzen vermitteln. Er steht über der Sache.
- wie stehst du dazu?
wie denkst du darüber?, was ist deine Meinung darüber?:
Unsere Firma sollte die Produktion drosseln. Wie stehen Sie dazu?
- alles steht (auf dem) Kopf
alles ist durcheinander, verkehrt:
Als unsere Mutter verreist war, stand in der Wohnung alles Kopf.
- sich die Beine in den Leib stehen
lange stehen und warten:
Wir warten schon eine Ewigkeit auf dich und haben uns die Beine in den Leib gestanden.

.STEHLEN - du kannst mir gestohlen bleiben (starker Ausdruck)
du bist mir gleichgültig, ich will mit dir nichts mehr zu tun haben:
Wenn du mir nicht hilfst, kannst du mir gestohlen bleiben.

.STEIF - etwas steif und fest behaupten
etwas nachdrücklich behaupten:
Dieser Mensch hat steif und fest behauptet, ich hätte ihm seinen Platz weggenommen.

.STEIFHALTEN - die Ohren steif halten
durchhalten, nicht nachgeben:
Bald hast du die Prüfung überstanden, du mußt nur die Ohren steifhalten .

.STEIN - Stein und Bein schwören
leidenschaftlich beteuern:
Sein Komplice schwor Stein und Bein, nichts von dem Einbruch gewußt zu haben.
- Stein und Bein frieren
sehr frieren:
Die Touristen froren bei dem plötzlich hereingebrochenen Sturm Stein und Bein.
Plötzlich brach der Winter ein, und es fror Stein und Bein.
- bei jm einen Stein im Brett haben
js Sympathien haben:
Ihre Tochter hat bei ihren Lehrern einen Stein im Brett?

.STELLE - nicht von der Stelle kommen
nicht vorwärtskommen, keinen Fortschritt machen:
In den Wintermonaten kommen die Straßenarbeiten nicht von der Stelle.
- auf der Stelle treten
nicht vorwärtskommen:
Die Wissenschaftler traten mit ihren Forschungsarbeiten seit Wochen auf der Stelle.

- auf der Stelle
sofort:
Bei dem schweren Busunglück waren fünf Personen auf der Stelle tot.

.STELLEN - jn auf die Probe stellen
jn prüfen:
Durch Fragen stellte der Chef die Bewerber erst einmal auf die Probe.
- auf sich gestellt sein
ohne Hilfe, ohne Unterstützung sein:
Nach dem Tode ihrer Eltern war das junge Mädchen völlig auf sich gestellt.
- sich der Polizei stellen
zur Polizei gehen und sich als Täter melden:
Nach der Tat stellte sich der Mörder der Polizei.
- sich jm in den Weg stellen
jm Schwierigkeiten machen:
Meine Kollegen stellen sich mir dauernd in den Weg.
- sich krank (dumm) stellen
so tun, als sei man krank (als wisse man nichts davon):
Er hatte keine Lust, zum Dienst zu gehen, und stellte sich krank.
- wie stellt er sich dazu?
wie denkt er darüber?, wie wird er sich dazu verhalten?:
Wie stellt sich dein Vater dazu, daß du Schauspielerin werden willst?
- sich mit jm gut stellen
sich bemühen, mit jm gut auszukommen:
Wir sind auf ihre Hilfe angewiesen und müssen uns gut mit ihr stellen.
- gut gestellt sein
gut situiert, wohlhabend sein:
Für Herrn Tietze war diese Spende kein Opfer, er ist doch gut gestellt.

.STERBEN - nicht leben und nicht sterben können
sich sehr krank und elend fühlen:
Die seekranken Passagiere hingen an der Reling und konnten nicht leben und nicht sterben.
- zum Leben zuwenig, zum Sterben zuviel
nicht genug Geld, nicht viel Geld:
Nach langer Arbeitslosigkeit habe ich eine Stellung bekommen, aber der Lohn ist zum Leben zuwenig und zum Sterben zuviel.

.STICH - jn im Stich lassen
jn verlassen, sein Versprechen nicht halten, jm nicht helfen:
Jetzt, wo ich dich brauche, läßt du mich im Stich.
- jm einen Stich versetzen
jm etwas Unangenehmes, etwas Kränkendes sagen:
Mit den spöttischen Bemerkungen versetzten die Nachbarinnen der Frau einen Stich.
- einen Stich haben (starker Ausdruck)
nicht normal im Kopf sein:
Warum hast du diese Dummheit gemacht? Ich glaube, du hast'nen Stich.

.STICHFEST - hieb- und stichfest sein
sicher sein:
Der Angeklagte kam als Täter nicht in Frage, da er ein hieb- und stichfestes Alibi für die Tatzeit beibringen konnte.

.STIEFEL - einen Stiefel vertragen
viel (Alkohol) trinken können:
Mit meinem Kollegen kannst du in der Kneipe nicht mithalten, der verträgt einen ziemlichen Stiefel.

.STIEL - etwas mit Stumpf und Stiel ausrotten
etwas restlos vernichten:
Mit dem neuen Mittel kann man das Unkraut mit Stumpf und Stiel ausrotten.

.STIELAUGEN - Stielaugen machen
gierig blicken, neidvoll schauen:
Als ich meiner Freundin das neue Kleid zeigte, machte sie Stielaugen.

.STIER - den Stier bei den Hörnern packen
eine Sache mutig anpacken:
Die Arbeit ist nicht so schwer, wie sie aussieht. Du mußt nur den Stier bei den Hörnern packen.
.STIRN - jm (einer Sache) die Stirn bieten
jm (einer Sache) furchtlos entgegentreten:
Merke dir, mein Sohn: „Dem Schicksal die Stirn bieten, nur so wirst du das Leben meistern."
- die Stirn haben
dreist, frech sein:
Der Lehrling hatte die Stirn, seinem Meister zu widersprechen.

.STOPFEN - jm den Mund oder **das Maul stopfen** (derber Ausdruck)
jn zum Schweigen bringen:
Wie kann sie nur solche Lügen verbreiten? Ich werde ihr den Mund stopfen.

.STOSSEN - sich an etwas stoßen
etwas als störend empfinden, an etwas Anstoß nehmen:
Er ist ein netter Mensch. Ich stoße mich nur an seiner lässigen Sprache.

.STRANG - am gleichen Strang ziehen
das gleiche Ziel verfolgen:
Gute Mitarbeiter werden stets am gleichen Strang ziehen.
- über die Stränge schlagen oder hauen
übermütig, leichtsinnig sein:
Der Bursche schlägt immer wieder über die Stränge.
- wenn alle Stränge reißen
im Notfall:
Ich hoffe, mein Geld reicht. Wenn alle Stränge reißen, muß ich auf mein Sparbuch zurückgreifen.

.STRASSE - auf der Straße liegen
sich herumtreiben:
Was treibt dein Sohn eigentlich ? Ich sehe ihn dauernd auf der Straße liegen.

- auf der Straße sitzen
arbeitslos sein:
In den Zeiten der Wirtschaftskrise sitzen viele qualifizierte Facharbeiter auf der Straße.
- sein Geld auf die Straße werfen
sein Geld vergeuden, nutzlos ausgeben:
Ich denke nicht daran, so etwas zu kaufen. Ich werfe mein Geld doch nicht auf die Straße.

.STRECKEN - jn zu Boden strecken
jn besiegen, jn erschießen:
Mit einem kräftigen Schlag streckte er seinen Gegner zu Boden.
- die Waffen strecken
sich ergeben:
Nach erbittertem Kampf streckten die gegnerischen Truppen die Waffen.
- alle viere von sich strecken
verenden, krepieren:
Das verwundete Reh stürzte nieder und streckte alle viere von sich.

.STREICH - jm einen Streich spielen
jm einen Schabernack oder Possen spielen, mit jm einen derben Scherz machen:
Die Schüler versuchten, ihrem Klassenlehrer einen Streich zu spielen.

.STRICH - einen Strich unter etwas machen
etwas beenden, etwas abschließen:
Er machte unter sein bisheriges Leben einen Strich und fing neu an.
- keinen Strich tun
nichts tun, nicht arbeiten:
Ich hatte so viel zu erledigen, daß ich heute noch keinen Strich an meiner Arbeit tun konnte.
- jm einen Strich durch die Rechnung machen
js Plan vereiteln:
Wir hatten uns so auf die Dampferfahrt gefreut, und nun hat uns das schlechte Wetter einen Strich durch die Rechnung gemacht.
- nach Strich und Faden
tüchtig:
Als er mit der zerrissenen Hose nach Hause kam, hat der Vater ihn nach Strich und Faden verprügelt.
- auf den Strich gehen
auf Männerfang gehen:
Die Frauen, die da am Straßenrand herumstehen, gehen auf den Strich.

.STRICK - jm einen Strick drehen
jn hereinlegen, jm schaden:
Sein Nachbar versuchte, ihm aus seiner politischen Einstellung einen Strick zu drehen.

.STROH - Stroh im Kopf haben
dumm sein:
Du bist so schlecht in der Schule, daß man meinen könnte, du hättest nur Stroh im Kopf.
- leeres Stroh dreschen
Nutzloses reden oder tun:
Während der Debatte wurde die ganze Zeit nur leeres Stroh gedroschen.

.STROHHALM - sich an einen Strohhalm klammern
Vertrauen auf die geringste, fast hoffnungslose Möglichkeit haben:

Die Hoffnung auf einen Lotteriegewinn, erwies sich als Strohhalm, an den er sich klammerte.

.STROM - gegen den Strom schwimmen
sich gegen die allgemeine Meinung stellen:
Gib es auf, gegen den Strom zu schwimmen, es ist nur zu deinem Schaden.

.STÜCK - große Stücke auf jn halten
jn sehr schätzen:
Der Direktor hält große Stücke auf mich und zieht mich zu allen Verhandlungen hinzu.

.STUHL - sich zwischen zwei Stühle setzen
sich beide Möglichkeiten entgehen lassen:
Zuerst hattest du bei deiner Firma gekündigt. Die neue Firma hat deine Bewerbung nun abgelehnt. Jetzt hast du dich richtig zwischen zwei Stühle gesetzt.
- jm den Stuhl vor die Tür setzen
jn aus dem Haus weisen, jn hinauswerfen:
Der Chef hat meinem Kollegen Richard den Stuhl vor die Tür gesetzt.

.STURMFREI - eine sturmfreie Bude (fam)
ein Zimmer, in dem man unbehelligt Besuch jeder Art empfangen kann:
Ich wollte immer eine sturmfreie Bude, aber es ist mir nie gelungen. Meine Wirtinnen haben immer aufgepaßt wie die Schießhunde.

.SUPPE - jm die Suppe versalzen
jm den Spaß verderben, jm die Freude an einer Sache nehmen:
Max hat sich mit meiner Freundin verabredet. Dem werde ich gründlich die Suppe versalzen.
- die Suppe auslöffeln (, die man sich eingebrockt hat)
sich mit den (selbstverschuldeten) Unannehmlichkeiten abfinden:
Mit deinen Frechheiten dem Chef gegenüber hast du dir eine schöne Suppe eingebrockt. Jetzt löffle sie gefälligst auch aus!

.SZENE - jm eine Szene machen
jm (heftige) Vorwürfe machen:
Als ihr Mann spät nachts betrunken nach Hause kam, machte sie ihm ein heftige Szene.

.TAG - etwas an den Tag bringen
etwas bisher Verborgenes zeigen:
Eine Revision brachte seine Unterschlagungen an den Tag.
- auf seine alten Tage
im Alter:
Auf seine alten Tage gewöhnt er sich nicht mehr das Rauchen ab.
- sich einen guten Tag machen
die Zeit mit angenehmen Dingen ausfüllen, sich etwas zugute tun:
Während unser Chef auf Urlaub war, haben wir uns im Büro manchen guten Tag gemacht.
- den Tag totschlagen oder **dem lieben Gott die Tage stehlen**
faulenzen, untätig sein, den Tag nutzlos verbringen:
Man muß arbeiten und darf nicht dem lieben Gott die Tage stehlen.

- es ist noch nicht aller Tage Abend
Siehe .ABEND.
- in den Tag hinein leben
Siehe .LEBEN.

.TANZ - einen Tanz machen
sich aufregen:
Mach doch nicht wegen jeder Kleinigkeit, die dir nicht paßt, so einen Tanz!

.TANZBEIN - das Tanzbein schwingen
tanzen:
Auf unserem Betriebsausflug wurde tüchtig das Tanzbein geschwungen.

.TARANTEL - er sprang auf, wie von der Tarantel gestochen
er sprang plötzlich (erschreckt) auf:
Als ich ihn im Zimmer meiner Freundin antraf, sprang er, wie von der Tarantel gestochen, vom Stuhl auf.

.TASCHE: - tief in die Tasche greifen
viel bezahlen, viel spenden:
Wenn du dir einen solchen Wagen leisten willst, mußt du tief in die Tasche greifen.
- jm auf der Tasche liegen
von js Geld leben, jm Kosten verursachen:
Er liegt seinem Vater noch immer auf der Tasche.
- jn in die Tasche stecken
jm überlegen sein:
Mit seinen Fähigkeiten steckt er alle Mitbewerber in die Tasche.

.TAUB - tauben Ohren predigen
jn vergebens ermahnen:
Du sollst deine Arbeit gewissenhaft machen. Aber ich predigte ja nur tauben Ohren.
- auf beiden Ohren taub sein
für die Wünsche anderer kein Interesse haben:
Ich versuchte, ihm seine Lage klarzumachen, aber er war auf beiden Ohren taub.

.TEMPEL - jn zum Tempel hinauswerfen oder **schmeißen** (starker Ausdruck)
jn aus dem Hause weisen:
Wenn er sich nochmals etwas zuschulden kommen läßt, werde ich ihn zum Tempel hinauswerfen.

.TEUER - das kommt ihm teuer zu stehen
das hat schlechte Folgen für ihn:
Sein Leichtsinn wird ihm noch teuer zu stehen kommen.

.TEUFEL - er hat den Teufel im Leib
er ist unbeherrscht, er ist temperamentvoll:
Er macht einen äußerst ruhigen Eindruck, aber manchmal hat er den Teufel im Leib.
- bist du des Teufels?
was fällt dir ein?:
Bist du des Teufels, so etwas zu tun?

- der Teufel ist los
es gibt einen großen Streit:
Auf der letzten Versammlung war der Teufel los.
- etwas ist zum Teufel
etwas ist verloren:
Das hat er von seiner Wettleidenschaft! Jetzt ist sein ganzes Geld zum Teufel.
- in der Not frißt der Teufel Fliegen
Siehe .FLIEGE.

.THEATER - es ist nur Theater
es ist nicht ernst gemeint:
Er erzählt allen von seinem Pech. Aber, glaube mir, es ist nur Theater.
- ein Theater machen
viel Aufhebens machen, sich aufregen:
So ein Theater wegen einer solchen Lappalie.

.TIEF - das läßt tief blicken
das verrät etwas Unangenehmes, Peinliches:
Inge ist allein mit einem jungen Mann auf ihrem Zimmer? Das läßt ja tief blicken.

.TIER - ein hohes Tier
eine wichtige, angesehene Person:
Dr. Schäfer ist ein hohes Tier hier am Ort. Er ist Gerichtspräsident.

.TINTE - in der Tinte sitzen
in einer unangenehmen Lage sein:
Da er mir mein Geld nicht zurückzahlte, sitze ich jetzt selbst in der Tinte.

.TIPPEN - daran ist nicht zu tippen
das ist in Ordnung, daran ist kein Zweifel:
Die Leistungen seines Gegners waren weitaus besser. An dessen Sieg ist nicht zu tippen.
- auf etwas tippen
etwas vermuten:
Wo wohl der Fehler am Motor liegt? Ich tippe auf die Einstellung des Vergasers.

.TISCH - unter den Tisch fallen
unbeachtet oder unberücksichtigt bleiben:
Bei der letzten Wahl sind die alle Stimmen der kleinen Parteien unter den Tisch gefallen.
- reinen Tisch machen
eine Lage klären, etwas erledigen,
eine Sache in Ordnung bringen:
Bevor wir uns mit euch wieder versöhnen, müssen wir erst reinen Tisch machen.

.TOMATE - treulose Tomate
treuloser Mensch:
Du willst jetzt dein Versprechen nicht halten, du treulose Tomate?

.TOPF - alles in einen Topf werfen
alles gleich behandeln:
Du mußt schon Unterschiede machen. Du kannst nicht einfach alles in einen Topf werfen.
.TOT - auf den toten Punkt kommen
zum Stillstand kommen:

Die Verhandlungen sind jetzt auf einen toten Punkt gekommen.
- eine Sache aufs tote Gleis schieben
eine Angelegenheit nicht weiter bearbeiten:
Diese Angelegenheit ist zunächst einmal aufs tote Gleis geschoben worden.

.TOTGEBOREN - ein totgeborenes Kind
eine aussichtslose Sache:
Dieses Geschäft war doch von vornherein ein totgeborenes Kind.

.TOTSCHLAGEN - die Zeit totschlagen
die Zeit nutzlos verbringen:
Du solltest nicht immer nur die Zeit totschlagen.

.TOUR - in einer Tour
ohne Unterbrechung:
Wenn Herr Schulz. etwas getrunken hat, redet er in einer Tour.
- auf Touren kommen
lebhaft werden:
Auf der Party kamen die Gäste nach einigen Gläschen Wein auf Touren.

.TRAB - jn auf Trab bringen
jn zur Eile antreiben:
Glaub ja nicht, daß du hier bummeln kannst. Ich werde dich auf Trab bringen.

.TRACHT - jm eine Tracht Prügel verabreichen
jn verprügeln:
Die Passanten verabreichten dem Taschendieb eine Tracht Prügel.

.TRAGEN - jn auf Händen tragen
jn sehr verehren, jn sehr lieben:
Fritz versprach seiner Braut, sie immer auf Händen zu tragen.
- ein Kind unter dem Herzen tragen
schwanger sein:
Die junge Frau trug schon wenige Wochen nach der Hochzeit ein Kind unter dem Herzen.

.TRAN - im Tran sein
schläfrig sein:
Du scheinst in der letzten Nacht gezecht zu haben. Du bist ja jetzt noch im Tran.

.TRÄNE - jm (einer Sache) keine Träne nachweinen
jm (einer Sache) nicht nachtrauern:
Er war allen unsympathisch. Keiner weinte ihm eine Träne nach, als er versetzt wurde.

.TRARA - Trara machen
viel Aufhebens, viel Geschrei machen:
Mach deswegen nicht solches Trara. Das ist die ganze Sache nicht wert.

.TRAUEN - jm nicht über den Weg trauen
mißtrauisch gegen jn sein:
Er macht zwar keinen schlechten Eindruck, trotzdem traue ich ihm nicht über den Weg.

.TRAUERSPIEL - es ist ein Trauerspiel mit ihm
er ist ein ganz unfähiger Mensch:
Welche Arbeit wir ihm auch geben, er schafft sie nicht. Es ist ein Trauerspiel mir ihm.

.TRAUM - ich denke nicht im Traum daran oder **das fällt mir nicht im Traume ein**
ich denke überhaupt nicht daran:
Ich denke nicht im Traum daran, bei solchem Wetter wegzugehen.

.TRÄUMEN - das hätte ich mir nicht träumen lassen
das hätte ich nie gedacht oder geglaubt:
Das hätte ich mir nicht träumen lassen, daß das Fest so stark besucht werden würde.
- du träumst wohl?
das hast du dir wohl gedacht (Ausdruck der Ablehnung):
Du träumst wohl? Hast du wirklich geglaubt, ich würde dir einige tausend Mark leihen?

.TREFFEN - ich habe es dort gut getroffen
ich habe mit den dortigen Verhältnissen Glück gehabt:
Wir hatten es an unserer neuen Arbeitsstelle in jeder Beziehung gut getroffen.
- es trifft sich gut
die Gelegenheit ist günstig:
Es trifft sich gut, daß du heute hier bleibst, da kannst du mir bei meiner Arbeit helfen.
- deine Worte treffen mich schwer
deine Worte machen mich sehr unglücklich, traurig:
Deine Worte treffen mich schwer, da ich mir alle Mühe gegeben habe, dir zu helfen.
- eine treffende Bemerkung
eine richtige Bemerkung:
Bei der Unterhaltung machte er einen uninteressierten Eindruck, um so mehr überraschten dann seine treffenden Bemerkungen.
- sich getroffen fühlen
etwas auf sich beziehen:
Ich war überrascht, daß er sich von meinem Einwand so getroffen fühlte.

.TREIBEN - er treibt es zu bunt
er ist unverschämt, rücksichtslos:
Wenn er betrunken war, trieb er es immer sehr bunt.

.TREPPE - die Treppe hinauffallen
Glück im Unglück haben:
Herrn Müller wurde damals gekündigt. Aber vor kurzem hörten wir, daß er durch seinen Arbeitsplatzwechsel die Treppe hinaufgefallen ist.

.TRETEN - in js Fußstapfen treten
jm nachfolgen, jn nachahmen, jm nacheifern:
Es ist ziemlich selten, daß Söhne großer Männer in die Fußstapfen ihrer Väter treten.

- jm in den Weg treten
jm Schwierigkeiten machen:
Ich denke gar nicht daran, dir bei deinen Bemühungen in den Weg zu treten.
- jm unter die Augen treten
sich vor jm sehen lassen, zu jm kommen:
Seitdem er mich in so übler Weise verleumdet hat, wagt er es nicht mehr, mir unter die Augen zu treten.

.TROCKEN - da bleibt kein Auge trocken
jedem kommen Tränen in die Augen:
Die junge Schauspielerin gestaltete die Rolle des „Gretchen" so echt, daß kein Auge trocken blieb.
- auf dem trocknen sitzen
in (Geld)Verlegenheit sein:
Wenn wir nicht so üppig gelebt hätten, säßen wir jetzt nicht auf dem trocknen.

.TROPFEN - ein Tropfen auf den heißen Stein
zuwenig:
Der Scheck von meinem Vater war nur ein Tropfen auf den heißen Stein.

.TROST - nicht ganz bei Trost sein
nicht normal im Kopfe sein, nicht bei Sinnen sein:
Du willst schon wieder Geld haben? Du bist wohl nicht ganz bei Trost?

.TRÜB - im trüben fischen
eine unklare Lage für sich ausnutzen:
Es ist für viele leicht, im trüben zu fischen und so zu Geld zu kommen.
- er sieht aus, als ob er kein Wässerchen trüben könne
er sieht so harmlos aus:
Das ist ein ganz gerissener Geschäftsmann, wenn er auch aussieht, als könne er kein Wässerchen trüben.

.TRUMPF - einen Trumpf in der Hand haben
die Möglichkeit haben, eine Sache entscheidend zu beeinflussen:
Unsere Sache ist noch nicht verloren, wir haben ja noch einen Trumpf in der Hand.
- seine Trümpfe ausspielen
alle Vorteile, die man in einer Sache hat, vorbringen:
Ich werde alle Trümpfe, die ich gegen ihn in der Hand habe, ausspielen.
- seine Trümpfe aus der Hand geben
seine Vorteile einem andern überlassen:
Du darfst deine Trümpfe nicht zu schnell aus der Hand geben.

.TUCH - auf jn wie ein rotes Tuch wirken
jn erzürnen oder reizen, wenn man ihn nur sieht oder von ihm hört:
Der Schmidt ist mir sehr unsympathisch. Er wirkt auf mich wie ein rotes Tuch.

.TUGEND - aus der Not eine Tugend machen
einer unangenehmen Lage das Beste abgewinnen:
Wegen des schlechten Wetters bin ich zu Hause geblieben. Ich habe aber aus der Not eine Tugend gemacht und einige Briefe geschrieben, die seit langem fällig waren.

.TUN - sich an etwas gütlich tun
etwas mit Appetit essen oder trinken, etwas genießen:

Er hat einen guten Wein. Wenn wir ihn besuchen, tun wir uns daran gütlich.

- du tust immer so arm

du gibst dir immer den Anschein, als seist du arm:

Warum tust du immer so arm? Das glaubt dir ja doch keiner.

.TÜPFEL - alles bis aufs I-Tüpfelchen genau machen

sehr sorgfältig arbeiten:

Auf ihn kannst du dich verlassen, er macht alles bis aufs I-Tüpfelchen genau.

.TOR - einer Sache Tür und Tor öffnen

einer Sache berechtigten Grund geben:

Wenn wir seinen Behauptungen nicht energisch entgegentreten, würden sie Gerüchten Tür und Tor öffnen.

- jn zwischen Tür und Angel abfertigen

jn nicht in die Wohnung lassen:

Er ließ mich nicht in die Wohnung, sondern fertigte mich zwischen Tür und Angel ab.

- Weihnachten steht vor der Tür

es ist kurz vor Weihnachten:

Wir müssen mit unserem Geld sparsam sein, Weihnachten steht vor der Tür.

- jn vor die Tür setzen

jm die Tür weisen, jn hinauswerfen:

Wegen ihrer Unehrlichkeit wurde die Verkäuferin kurzerhand vor die Tür gesetzt.

- vor seiner eigenen Tür kehren

sich um seine eigenen Dinge kümmern:

Statt über andere zu reden, sollte sie lieber vor ihrer eigenen Tür kehren.

- mit der Tür ins Haus fallen

Siehe .FALLEN.

.TYP - er ist nicht mein Typ

er gefällt mir nicht:

Der Junge da drüben ist nicht mein Typ.

- so'n Typ

Mensch, Mann:

Neulich hat mich so'n Typ angesprochen.

.U - sich kein X für ein U vormachen lassen

sich nicht täuschen lassen:

Er ist schlau. Er läßt sich kein X für ein U vormachen.

.ÜBEL - übel angeschrieben sein

in schlechtem Ruf stehen:

Wegen seines Betragens ist er bei allen Lehrern übel angeschrieben.

.ÜBER - über jm stehen

jn im Rang, an Bildung usw. überragen:

Er steht an Bildung weit über seinen Brüdern.

.ÜBRIG - für jn etwas (nichts) übrig haben
jn (nicht) gern mögen:
Am liebsten tanzt er mit Ursel. Er hat schon immer etwas für sie übrig.

.UMLEGEN - jn umlegen
jn töten:
Die Bande hatte sich geschworen, jeden Spitzel gnadenlos umzulegen.

.UMSCHMEISSEN - einen Plan umschmeißen oder **umstoßen** oder **umwerfen**
einen Plan ändern:
Weil er nicht mehr mitmachen wollte, mußten wir den ganzen Plan umschmeißen.

.UMSONST - nicht umsonst hat er das gemacht
er hat es nicht ohne Grund gemacht:
Nicht umsonst ließ er sich verleugnen. Ich bekomme nämlich noch Geld von ihm.

.UMSTAND - in anderen Umständen sein
ein Kind erwarten:
Sie gingen nicht zum Ball, weil seine Frau in anderen Umständen ist.

.UMSTOSSEN - einen Plan umstoßen oder **umwerfen** oder **umschmeißen**
Siehe .UMSCHMEISSEN.

.UMWERFEN - die Nachricht wirft ihn um
die Nachricht erschüttert ihn:
Ich hätte nicht gedacht, daß dich der Brief so umwerfen würde.
- drei Glas Bier werfen mich nicht um
von drei Glas Bier werde ich nicht betrunken:
Ein Glas Bier kann ich noch trinken, das wird mich nicht gleich umwerfen.

.UNGESCHMINKT - jm die ungeschminkte Wahrheit sagen
jm offen sagen, was man denkt:
Viele Menschen haben es nicht gern, wenn man ihnen die ungeschminkte Wahrheit sagt.

.UNGESCHOREN - jn ungeschoren lassen
jn nicht behelligen:
Seitdem er weiß, daß ich mir nicht alles gefallen lasse, läßt er mich ungeschoren.
.UNGUT - nichts für ungut!
nehmen Sie es nicht übel:
Nichts für ungut! Ich konnte wirklich nicht früher kommen.

.UNKOSTEN - sich in Unkosten stürzen
viel Geld ausgeben:
Mit diesen teuren Blumen hast du dich aber gewaltig in Unkosten gestürzt.

.UNMENSCH - kein Unmensch sein
mit sich reden lassen, zugänglich sein:
Mein Chef ist kein Unmensch, aber von einer Erhöhung der Gehälter will er nichts hören.

.UNMÖGLICH - jn unmöglich machen
jn bei anderen Leuten schlechtmachen oder blamieren:
Nachdem sie sich von ihrer Freundin getrennt hatte, versuchte sie, sie bei anderen Leuten unmöglich zu machen.

.UNRECHT - in unrechte Hände kommen
an den Falschen kommen:
Es kann unangenehme Folgen haben, wenn ein wichtiger Brief in unrechte Hände kommt.
- an den Unrechten kommen
zu der Person kommen, die, entgegen aller Hoffnung, js Wünsche ablehnt:
Bei mir ist er mit seinen Forderungen an den Unrechten gekommen.

.UNSCHULD - seine Hände in Unschuld waschen
mit einer schlechten Angelegenheit nichts zu tun haben wollen:
Ich habe mit der Sache nichts zu tun. Ich wasche meine Hände in Unschuld.

.UNSUMME - eine Unsumme Geldes
sehr viel Geld:
Die Weltreise hat mich eine Unsumme Geldes gekostet.

.UNTEN - bei jm unten durch sein
bei jm kein Ansehen mehr genießen, js Sympathie verloren haben:
Er hat sein Versprechen nicht gehalten, bei mir ist er unten durch.

.UNTERSCHIED - ein Unterschied wie Tag und Nacht
ein sehr großer Unterschied:
Zwischen unseren Ansichten über Politik ist ein Unterschied wie Tag und Nacht.

.USUS - das ist bei uns so Usus
das tun wir immer so, das ist bei uns üblich:
Daran mußt du dich gewöhnen, das ist bei uns so Usus.

.VERBEISSEN - ein verbissener Gegner
ein hartnäckiger Gegner:
Du wirst es mit ihm nicht leicht haben, er ist ein verbissener Gegner.
- sich etwas verbeißen
etwas unterdrücken:
Der Ernst der Stunde verlangte es, daß wir uns über seine zweideutigen Worte das Lachen verbeißen mußten.

.VERBINDEN - jm verbunden sein
jm dankbar sein:
Wir sind unserem Geschäftsfreund sehr verbunden.

.VERBRECHEN - was hast du schon wieder verbrochen oder **verzapft**
was hast du schon wieder angerichtet, getan?:
„Was hast du nun schon wieder verbrochen?“ sagte der Vater, als sein Sohn in der Schule eine Stunde nachsitzen mußte.

.VERBRENNEN - sich die Finger oder **Pfoten verbrennen**
sich Unannehmlichkeiten machen:
Viele haben sich an der Politik schon die Finger verbrannt.
- sich den Mund verbrennen
sich durch Reden schädigen:
Warum kann er denn nicht seine Meinung für sich behalten? Immer muß er sich den Mund verbrennen.

.VERDAUEN - etwas (nicht) verdauen
1. etwas (nicht) verstehen:
In dem Vortrag strotzte es von Fachausdrücken und Fremdwörtern. Vielen Zuhörer konnten den Inhalt kaum verdauen.
2. etwas (nicht) überwinden:
Ihr tragisches Schicksal hat sie bis heute nicht verdauen können.

.VERDERBEN - es mit jm verderben
sich mit jm verfeinden:
Wenn du dich nicht änderst, wirst du es mit ihm noch ganz und gar verderben.

.VERDREHEN - jm den Kopf verdrehen
1. jn verwirren:
Er hat mir mit seinem Gerede ganz und gar den Kopf verdreht.
2. jn verliebt machen:
Mit ihrem Charme verdreht sie allen jungen Männern den Kopf.

.VERGREIFEN - sich an etwas vergreifen
etwas stehlen:
Er hatte sich an den Firmengeldern vergriffen und wurde daher fristlos entlassen.
- sich an jm vergreifen
jm körperlichen Schaden zufügen
1. jn schlagen:
Er wurde so von ihr gereizt, daß er sich an ihr vergriff.
2. ein Mädchen vergewaltigen:
An einem Waldweg fiel der Bursche über das Mädchen her und vergriff sich an ihr.

.VERHÄLTNIS - ein Verhältnis mit jm haben
Liebesbeziehungen zu jm haben:
Es dauerte nicht lange, und er hatte ein Verhältnis mit seiner neuen Kollegin.

.VERHÄNGEN - über jn eine Strafe verhängen
jn bestrafen:
Wegen seiner Gewalttaten wurde eine schwere Strafe über ihn verhängt.

.VERHAUEN - jn verhauen
jn schlagen:
Warum schreist du so? Wenn dein Freund dich verhaut, mußt du eben zurückhauen.
- eine Sache verhauen
eine Sache verderben, verpfuschen, Fehler machen bei einer Sache:
Hier ist nichts mehr zu retten, du hast die Sache restlos verhauen.

.VERKNALLEN - sich verknallen
sich verlieben:

Er hat sich mächtig in deine Schwester verknallt.

.VERKNEIFEN - sich etwas verkneifen
sich etwas versagen, etwas unterdrücken, auf etwas verzichten:
Aus Geldmangel haben wir uns in diesem Jahr eine Ferienreise verkniffen.

.VERKNUSEN - jn (etwas) nicht verknusen können
jn (etwas) nicht leiden können oder nicht mögen:
Ich kann den Kerl einfach nicht verknusen.

.VERKORKSEN - sich den Magen verkorksen
sich den Magen verderben:
Bei der Geburtstagsfeier habe ich mir den Magen korkst.

.VERKRACHEN - eine verkrachte Existenz
eine erfolglose Person:
Für mich ist und bleibt dein Bruder eine verkrachte Existenz.

.VERLIEREN - sich verloren vorkommen
sich hilflos oder überflüssig vorkommen:
Auf der Party kannte ich keinen Menschen und kam ich mir ziemlich verloren vor.
- du hast hier nichts verloren
verschwinde!, geh von hier fort!:
Was willst du hier? Verschwinde! Du hast hier nichts verloren.

.VERPULVERN - sein Geld verpulvern
sein Geld verschwenden:
In einer Nacht hat er sein ganzes Geld verpulvert.

.VERRATEN - verraten und verkauft
völlig hilflos:
In der Diskussion mit den Experten waren wir verraten und verkauft.

.VERRENKEN - sich den Hals nach jm verrenken
sich neugierig nach jm umsehen:
Ich habe mir nach dir den Hals verrenkt, aber ich konnte dich nirgends finden.

.VERRÜCKT - nach jm verrückt sein
in jn verliebt sein:
Seitdem er sie näher kennt, ist er ganz verrückt nach ihr.

.VERS - sich auf oder **aus etwas keinen Vers machen können**
sich etwas nicht erklären können:
Was will er eigentlich? Ich kann mir aus seinem Verhalten keinen Vers machen.

.VERSÄUMEN - nichts zu versäumen haben
keine Eile haben:
Ich kann mir Zeit lassen, denn ich habe nichts zu versäumen.
.VERSCHIESSEN - in jn verschossen sein
in jn verliebt sein:
Alle merken, wie verschossen sie in Hans ist.

.VERSCHLAGEN - es verschlägt ihm die Sprache
er ist so überrascht, daß er kein Wort sagen kann:
Die Nachricht von der Verlobung meines Freundes verschlug mir die Sprache.

.VERSCHLINGEN - ein Buch verschlingen
ein Buch begierig lesen:
Das Buch ist sehr spannend. Ich habe es förmlich verschlungen.

.VERSCHNUPFEN - jn verschnupfen
jn verärgern, verstimmen, verdrießen:
Dein unmögliches Verhalten hat mich sehr verschnupft.

.VERSCHWITZEN - etwas verschwitzen
etwas vergessen:
Deinen Geburtstag habe ich in diesem Jahr ganz und gar verschwitzt.

.VERSEHEN - ehe man sich's versieht
sehr schnell:
Ehe man sich's versieht, ist eine Woche um.

.VERSESSEN - auf etwas versessen sein
eigensinnig nach etwas streben oder etwas verlangen, erpicht sein auf etwas:
Er ist auf meinen Wagen so versessen, daß er mir jeden Preis zahlt.

.VERSETZEN - versetzt werden
1. in die nächsthöhere Schulklasse kommen:
Trotz mancher schwachen Leistungen in der Schule wurde er doch versetzt.
2. nicht zu einer Verabredung kommen:
Ich hatte mich mit ihr verabredet, aber sie hat mich versetzt.

.VERSOHLEN - jn versohlen oder **jm das Fell versohlen**
jn verprügeln:
Für diese Lüge hat ihm sein Vater tüchtig das Fell versohlt.

.VERSPIELEN - bei jm verspielt haben
eine schlechte Meinung von jm bekommen haben:
Seit er mich so betrogen hat, hat er bei mir endgültig verspielt.

.VERSTECKEN - er muß sich vor dir verstecken
seine Leistungen sind längst nicht so gut wie die deinigen:
Trotz all seiner Mühen muß er sich immer noch vor dir verstecken.
- er braucht sich vor dir nicht zu verstecken
er braucht sich vor dir nicht zu schämen:
Wegen deines Mißgeschicks brauchst du dich vor mir doch nicht zu verstecken.

.VERSTEHEN - jm etwas zu verstehen geben
jm etwas andeuten:
Ich habe ihm zu verstehen gegeben, daß sein Besuch hier unerwünscht ist.

.VERTRETEN - sich die Füße vertreten
sich nach langem Sitzen Bewegung machen:
Den ganzen Tag habe ich im Büro gearbeitet. Ich muß mir nun ein bißchen die Füße vertreten.

.VERTRINKEN - sein Geld vertrinken
sein Geld für Alkohol ausgeben:
Statt sich um seine Familie zu kümmern, vertrinkt er sein ganzes Geld.

.VERTUSCHEN - etwas vertuschen
etwas verheimlichen:
Seine Unterschlagungen waren so groß, daß sie nicht mehr zu vertuschen waren.

.VERTRÖDELN - die Zeit vertrödeln
die Zeit untätig vergehen lassen:
Mit deinen vielen Vorbereitungen vertrödelst du unnötig viel Zeit.

.VERZAPFEN - was hast du schon wieder verzapft oder **verbrochen?**
Siehe .VERBRECHEN.

.VERZWICKT - eine verzwickte Angelegenheit
eine komplizierte Angelegenheit:
Die Angelegenheit sah zunächst ganz einfach aus. Aber sie war doch ziemlich verzwickt.

.VIER - jn oder mit jm unter vier Augen sprechen
jn oder mit jm allein, ohne Zeugen sprechen:
Ich möchte Sie gern einmal unter vier Augen sprechen.
- in seinen vier Wänden bleiben
zu Hause bleiben:
Wenn das Wetter so schlecht ist wie heute, bleibe ich lieber in meinen vier Wänden.
- sich auf seine vier Buchstaben setzen
sich hinsetzen:
Lauf nicht dauernd hin und her, setz dich endlich auf deine vier Buchstaben!
- auf allen vieren gehen
auf Händen und Füßen gehen:
Kleinkinder gehen auf allen vieren die Treppe hinauf.

.VOGEL - den Vogel bei einer Sache abschießen
bei einer Sache die beste Leistung erzielen:
Mit seinem Weltrekord schoß er den Vogel bei den Meisterschaften ab.
- einen Vogel haben (derber Ausdruck)
nicht normal im Kopf sein, sonderbare Ideen haben:
Du hast ja einen Vogel, bei so einem schlechten Wetter auszugehen.

.VOLL - jn nicht für voll nehmen
jn für dumm halten:
Mit seinen absurden Ansichten kann man ihn nicht für voll nehmen.
- voll sein
1. satt sein:

Jetzt kann ich wirklich nichts mehr essen, ich bin ganz voll.

2. betrunken sein:

Sie verließen das Wirtshaus nicht eher, bis sie voll waren.

.VORBOHREN - bei jm vorbohren

1. bei jm günstige Voraussetzungen schaffen:

Du mußt bei ihm erst vorsichtig vorbohren, bevor du ihn um Geld bittest.

2. bei jm etwas zu erfahren suchen:

Ich habe beim Personalchef vorgebohrt, ob mit einer Gehaltserhöhung zu rechnen ist.

.VORGERÜCKT - zu vorgerückter Stunde

spät in der Nacht:

Wir kamen erst zu vorgerückter Stunde nach Hause.

.VORKAUEN - jm etwas vorkauen

jm etwas bis ins einzelne erklären:

Er begreift sehr schwer. Alles muß man ihm zweimal vorkauen.

.VORKNÖPFEN - sich jn vorknöpfen oder **vornehmen**

Siehe .VORNEHMEN.

.VORMACHEN - wir wollen uns (gegenseitig) nichts vormachen

wir wollen offen (miteinander) reden:

Wir wollen uns doch nichts vormachen. Du hast sie doch nur um ihres Geldes willen geheiratet.

.VORNEHMEN - sich jn vornehmen oder **vorknöpfen**

jm Vorhaltungen machen:

Ich habe mir den Jungen gestern vorgeknöpft, und ich hoffe, daß er sich jetzt bessern wird.

.WAGEN - eine gewagte Sache

eine gefährliche Sache:

Ich möchte von dem Unternehmen zurücktreten, es ist mir eine zu gewagte Sache .

- ein gewagter Witz

ein zweideutiger, anrüchiger Witz:

Wenn er ein paar Glas Bier getrunken hat, erzählt er gern gewagte Witze.

.WAGEN - jm an den Wagen fahren (fam)

jm zu nahe treten; jn zurechtweisen:

Was fällt Ihnen ein? Ich lasse mir doch von Ihnen nicht an den Wagen fahren.

.WAHR - sein wahres Gesicht zeigen

seine wirklichen Gedanken offenbaren:

Aus Mitleid haben wir ihm geholfen, doch als er alles erreicht hatte, zeigte er sein wahres Gesicht.

.WAHRHEIT - jm die Wahrheit sagen oder **geigen**

jm gehörig die Meinung sagen, jn zurechtweisen:

Ich habe ihm heute wegen seiner Treulosigkeit die Wahrheit gesagt.

.WAISENKNABE - er ist ein (reiner) Waisenknabe gegen dich

er kann sich mit dir nicht vergleichen:

Im Sport bist du ein Waisenknabe gegen ihn.

.WALZE - immer die gleiche Walze spielen
immer dasselbe sagen, über das gleiche Thema reden:
Es ist schrecklich. Du spielst Immer die gleiche Walze.

.WÄLZEN - die Schuld auf jn wälzen
jm die Schuld geben oder zuschieben:
Nach einem Unfall versucht jeder, die Schuld auf den andern zu wälzen.
- Probleme wälzen
sich Gedanken über etwas machen:
Als Studenten haben wir manches Problem gewälzt.

.WAND - jn an die Wand stellen
jn erschießen, an jm das Todesurteil durch Erschießen vollstrecken.
Der Verräter wurde nach dem Kriegsgerichtsurteil sofort an die Wand gestellt.

.WARM - mit jm warm werden
mit jm vertraut werden:
Ich kenne ihn schon lange, trotzdem kann ich mit ihm nicht warm werden.

.WARMHALTEN - sich jn warmhalten
sich js Freundschaft, Zuneigung erhalten:
Den Müller mußt du dir warmhalten. Er hat eine einflußreiche Stellung.

.WASCHEN - mit allen Wassern gewaschen sein
durchtrieben, raffiniert sein:
Von meinem Rechtsanwalt kannst du dich ruhig vor Gericht vertreten lassen, der ist mit allen Wassern gewaschen.
- eine Ohrfeige, die sich gewaschen hat
eine kräftige Ohrfeige:
Sein Vater gab ihm eine Ohrfeige, die sich gewaschen hat.

.WASSER - mir läuft das Wasser im Munde zusammen
ich bekomme Appetit, (wenn ich an etwas denke, etwas rieche):
Wenn ich an unser gestrige Essen denke, läuft mir jetzt noch das Wasser im Munde zusammen.
- bei Wasser und Brot sitzen
im Gefängnis sein:
Der Brandstifter konnte schnell gefaßt werden, und nun sitzt er bei Wasser und Brot.
- er ist ein Schurke reinsten Wassers
er ist ein richtiger, ein echter Schurke:
Bedenkenlos betrügt er selbst die Ärmsten, er ist ein Schurke reinsten Wassers.
- jm das Wasser abgraben
jn schädigen:
Während seiner Krankheit konnte er sich nicht um das Geschäft kümmern, und seine Konkurrenten taten alles, um ihm das Wasser abzugraben.

- ihm steht das Wasser bis zum Halse
er ist in großen Schwierigkeiten:
Er wird sein Geschäft bald schließen müssen, ihm steht das Wasser bis zum Halse.
- sich über Wasser halten
sich mühsam am Leben erhalten:
Die neue Firma hatte keinen guten Start. Sie kann sich nur noch mit Mühe über Wasser halten.
- du kannst ihm nicht das Wasser reichen
du kannst dich mit ihm nicht messen:
Mathematik ist sein Spezialgebiet. Da kannst du ihm nicht das Wasser reichen.
- ins Wasser fallen
nicht stattfinden, nicht verwirklicht werden:
Wegen schlechten Wetters fiel die Freilchtaufführung buchstäblich ins Wasser.
- hier wird auch nur mit Wasser gekocht
Siehe .KOCHEN.
- mit allen Wassern gewaschen sein
Siehe .WASCHEN.

.WATTE - jn in Watte packen
mit jm sehr vorsichtig umgehen:
Bei der kleinsten Aufregung fängt sie an zu weinen. Man muß sie wirklich in Watte packen.

.WEG - er ist ganz weg
er ist begeistert, verliebt:
Als er seine neue Kollegin sah, war er ganz weg.
- das hat er weg
das kann er gut:
Niemand spielt so gut Tischtennis wie Onkel Kurt. Das hat er wirklich weg.
- er hat einen (kleinen) weg
er ist (ein wenig) angetrunken:
Auf der Geburtstagsfeier hatten wir alle einen (kleinen) weg.
- jm die Wege ebnen
die Hindernisse für jn beseitigen:
Sein Fleiß und sein Auftreten haben ihm die Wege zum Erfolg geebnet.
- jm etwas oder Steine oder **Hindernisse in den Weg legen**
jm Schwierigkeiten machen:
Bei jeder Gelegenheit wurden ihm von seinen Widersachern Steine in den Weg gelegt.
- seinen Weg machen
im Leben vorwärtskommen:
Obwohl er in der Schule nicht zu den besten Schülern gehörte, machte er später doch seinen Weg.
- einer Sache im Wege stehen
eine Sache am Fortkommen hindern:
Frühere Vereinbarungen stehen jetzt einer Neuregelung im Wege.
- einer Sache aus dem Wege gehen
etwas vermeiden. etwas ungern tun:
Er geht jeder Verantwortung aus dem Wege und wird deswegen nie eine leitende Stellung bekommen.
- etwas in die Wege leiten
etwas vorbereiten:
Das kinderlose Ehepaar hat die Adoption eines Waisenkindes in die Wege geleitet.

- seiner Wege gehen
mit jm, mit etwas nichts mehr zu tun haben wollen, fortgehen:
Nach der Scheidung von ihrem Mann ging sie ihrer Wege.

.WEGWERFEN - sich wegwerfen
seine Würde oder Ehre leichtfertig hergeben:
Du mußt stets auf deinen guten Ruf achten und darfst dich nicht leichtfertig wegwerfen.
- jn (etwas) wegwerfend behandeln
jn verächtlich behandeln:
Seit seinem Erfolg glaubt er, alle anderen wegwerfend behandeln zu können.

.WEIN - jm reinen oder **klaren Wein einschenken**
jm die Wahrheit sagen, jm offen seine Meinung sagen:
Jetzt weiß er, woran er ist. Wir haben ihm reinen Wein eingeschenkt.

.WEISHEIT - er hat die Weisheit nicht mit Löffeln gefressen
er ist nicht besonders klug:
Peter- hat zwar die Weisheit nicht mit Löffeln gefressen, aber jeder liebt ihn.

.WEISS - eine weiße Weste haben
unschuldig sein, unbelastet sein:
Wer über andere richtet, sollte selbst eine weiße Weste haben.

.WEIT - das Weite suchen
entfliehen:
Der Prokurist hat mit sämtlichen Firmengeldern das Weite gesucht.
- es ist nicht weit her damit
es taugt nicht viel:
Mit deinen Sprachkenntnissen ist es nicht weit her.

.WELT - eine Dame von Welt
eine Dame aus vornehmer Gesellschaft:
Seine Tochter, die ich schon als Kind kannte, ist heute eine Dame von Welt.
- hier ist die Welt mit Brettern vernagelt
hier geht es nicht mehr weiter, das hier ist ein sehr abgelegener Ort:
Nach Stunden kamen wir an einen Ort, wo die Welt mit Brettern vernagelt war.

.WENN - das viele Wenn und Aber
die vielen Zweifel und Einwände:
Das viele Wenn und Aber läßt ihn zu keinem Erfolg kommen.
- na, wenn schon!
das macht nichts!:
Jetzt hast du die Vase zerbrochen! - Na, wenn schon!

.WERFEN - ich will keinen Stein auf dich werfen
ich will dich nicht verurteilen:
Bevor ich nicht die Gründe für sein Handeln kenne, will ich keinen Stein auf ihn werfen.
- das wirft ein schiefes Licht auf sie
das gibt einen falschen Eindruck von ihr:
Sandra sollte sich nicht so geschmacklos schminken. Das wirft doch ein ganz schiefes Licht auf sie.
- ein schlechtes Licht auf jn (etwas) werfen
Siehe .LICHT.

.WESEN - sein Wesen treiben
Tätig sein, sich an einem Ort mit einer üblen Sache beschäftigen:
Der Hochstapler hat noch lange unerkannt sein Wesen getrieben.
- viel Wesens machen
viel Aufhebens machen:
Während der Filmfestspiele wird viel Wesens um die Filmstars gemacht.

.WESPENNEST - in ein Wespennest greifen oder stechen
eine unangenehme oder gefährliche Angelegenheit anpacken, bei der man sich sehr schaden kann:
Mit deiner Frage nach einer Gehaltserhöhung hast du in ein Wespennest gestochen.

.WETTEN - so haben wir nicht gewettet
das haben wir nicht vereinbart, das gibt es nicht:
So haben wir nicht gewettet! Ich wollte dir helfen, aber glaube nicht, daß ich alles ganz allein mache.

.WETTER - gut Wetter bei jm machen
jn in gute Laune bringen, um etwas zu erreichen:
Wenn du Urlaub haben willst, mußt du beim Boß gut Wetter machen.

.WICKEL - jn beim Wickel nehmen oder **fassen** oder **kriegen**
jn zur Rede stellen, jn festhalten:
Wir konnten den Dieb beim Wickel fassen und der Polizei übergeben.

.WIND - wissen, woher der Wind weht
die Lage, die Verhältnisse gut kennen:
Mir kannst du so leicht nichts vormachen; ich weiß, woher der Wind weht.
- Wind machen
prahlen:
Von seinen Erzählungen darfst du nur die Hälfte glauben. Er macht gern viel Wind.
- sich (erst mal) den Wind um die Nase oder **die Ohren wehen lassen**
(zuerst einmal) Lebenserfahrungen sammeln:
Laß dir erst mal den Wind um die Nase wehen, bevor du hier mitredest
- einen Rat in den Wind schlagen
einen Rat nicht beachten:
Jetzt jammerst du, aber vorher hast du meinen Rat in den Wind geschlagen.
- in den Wind reden
Rat erteilen, der keine Beachtung findet:
Es ist zwecklos, ihm Vorhaltungen zu machen. Bei ihm ist alles in den Wind geredet.

WINK - ein Wink mit dem Zaunpfahl
ein sehr deutlicher Hinweis:
Seine Bemerkung, er müsse am nächsten Morgen früh aufstehen, war ein Wink mit dem Zaunpfahl, und ich verabschiedete mich sehr schnell.

.WISSEN - von jm nichts wissen wollen
eine ablehnende Haltung gegen jn einnehmen, mit jm nichts zu tun haben wollen:
Erst neulich erfuhr ich, daß er von seinem früheren Freund nichts mehr wissen will.
- weißt du was!
ich mache folgenden Vorschlag:
Weißt du was! Wir gehen heute ins Kino.

.WOHL - wohl oder übel
notgedrungen:
Meine Nachbarn hatten ihr Radio auf volle Lautstärke gestellt, so mußte ich mir wohl oder übel das Programm mit anhören.

.WOHLGEFALLEN - sich in Wohlgefallen auflösen
1. friedlich enden:
Die Meinungsverschiedenheiten haben sich im Laufe der Debatte in Wohlgefallen aufgelöst.
2. zerfallen:
Ich hatte mein Buch im Garten liegenlassen; nach dem Regen hatte es sich dann in Wohlgefallen aufgelöst.

.WOLLEN - da ist nichts zu wollen
da kann man nichts erreichen:
Ich gebe es auf! Bei deiner Dickköpfigkeit ist nichts zu wollen.

.WORT - ein Wort gab das andere
Rede und Gegenrede wurden immer heftiger:
Ein Wort gab das andere, und dann begann eine richtige Schlägerei.
- das letzte Wort haben
die Entscheidung haben:
Bei allen Entscheidungen hat der Chef das letzte Wort.
- über eine Sache kein Wort mehr verlieren
eine Sache als erledigt ansehen, über eine Sache nicht mehr sprechen:
Ich verzeihe dir und verspreche, kein Wort mehr über den Zwischenfall zu verlieren.
- jm ins Wort fallen
jn beim Sprechen unterbrechen:
Es ist unhöflich, wenn Kinder Erwachsenen dauernd ins Wort fallen.
- ein gutes Wort für jn einlegen
Siehe .EINLEGEN.
- mir liegt das Wort auf der Zunge
Siehe .Zunge.

.WÜRFEL - die Würfel sind gefallen
es ist entschieden:
Er versuchte noch, den Konkurs aufzuhalten, aber die Würfel waren bereits gefallen.

.WURM - da ist der Wurm drin!
da stimmt etwas nicht:
In der Rechnung ist der Wurm drin.

- jm die Würmer aus der Nase ziehen
jm Geheimnisse entlocken:
Er versteht es, mit dem harmlosesten Gesicht seinem Gesprächspartner die Würmer aus der Nase zu ziehen.

.WURST - es geht um die Wurst
es kommt zur Entscheidung:
Beim Fußballspiel am nächsten Sonntag geht es für die beiden Spitzenvereine um die Wurst.
- mir ist es (oder **alles) Wurscht** (starker Ausdruck)
mir ist es oder alles gleichgültig:
Ob es am Wochenende regnet oder nicht, ist mir völlig Wurscht, ich habe sowieso Dienst.

.WÜRSTCHEN - ein armes Würstchen
ein bedauernswerter, hilfloser Mensch:
Er ist wirklich ein armes Würstchen. Erst fliegt er aus der Firma und jetzt bekommt er keine Arbeit.

.ZÄHLEN - auf jn zählen können
mit jm rechnen können:
Sage mir, wenn du meine Hilfe brauchst. Auf mich kannst du zählen.

.ZAHN - sich an etwas die Zähne ausbeißen
mit etwas, einem Problem nicht fertig werden:
Bei ihm wirst du kaum etwas erreichen. An seiner Sturheit hat sich schon mancher die Zähne ausgebissen.
- jm auf den Zahn fühlen
jn ausforschen, jn gründlich prüfen:
Der Personalchef fühlte jedem Bewerber erst einmal auf den Zahn, bevor er sich für den geeignetsten entschied.
- jm die Zähne zeigen
sich widersetzen, jm drohen:
Du brauchst ihm nur die Zähne zu zeigen, und er wird nicht mehr so unverschämte Forderungen stellen.
- die Zähne zusammenbeißen
Schmerzen aushalten:
Mein Gott! Beiß doch ein bißchen die Zähne zusammen. Eine Spritze tut doch nicht weh.
- das ist nur für den hohlen Zahn
das ist nur sehr wenig zu essen oder zu trinken:
Was wir zu essen bekamen, war wirklich für den hohlen Zahn.

.ZAPPELN - jn zappeln lassen
jn warten lassen:
Sie ließ ihn noch ein bißchen zappeln, bevor sie ihr Jawort gab.

.ZART - das zarte oder schwache Geschlecht
Siehe .SCHWACH.

.ZEHNTAUSEND - die oberen Zehntausend
die oberste Bevölkerungsschicht, die Reichen:
Das neue Steuergesetz erfaßt besonders das Einkommen der oberen Zehntausend.

.ZEITLICH - das Zeitliche segnen
sterben:

Trotz aller ärztlichen Bemühungen mußte er das Zeitliche segnen.

.ZELT - seine Zelte abbrechen
einen Ort verlassen:
Wegen des schlechten Wetters brachen wir im Urlaub vorzeitig unsere Zelte ab und kehrten nach Hause zurück.

.ZEUG - sich für jn (für etwas) ins Zeug legen
sich für jn (für etwas) einsetzen:
Ich habe mich für ihn ins Zeug gelegt, damit er bei der Firma die Stellung bekommt.
- das Zeug zu etwas haben
die Fähigkeit zu etwas haben:
Es ist schade, daß sein Vater ihn nicht hat studieren lassen. Er hätte das Zeug zu einem Chemiker.

.ZIEHEN - den kürzeren ziehen
benachteiligt sein, unterliegen:
Fritz ist ein gerissener Bursche. Wenn du mit ihm Geschäfte machen willst, ziehst zu bestimmt den kürzeren.
- sich aus der Klemme oder **Patsche ziehen**
sich aus einer unangenehmen Lage befreien:
Nach der schriftlichen Prüfung stand es schlecht um ihn, und nur durch ein paar gute Antworten in der mündlichen Prüfung konnte er sich aus der Klemme ziehen.

.ZUG - zum Zuge kommen
seine Tätigkeit beginnen:
Ich hätte noch einen brauchbaren Vorschlag gemacht, ich kam aber nicht mehr zum Zuge, weil die Diskussion abrupt beendet wurde.

.ZUKNÖPFEN - zugeknöpft sein
zurückhaltend, verschlossen sein:
Er war sehr zugeknöpft und ging auf keinen meiner Vorschläge ein.

.ZUNGE - eine feine Zunge haben
ein Feinschmecker sein:
Mein Onkel hat eine sehr feine Zunge, wenn es um Wein geht.
- mit der Zunge anstoßen
lispeln:
Der Junge stößt mit der Zunge an. Er ist über diesen Sprachfehler sehr unglücklich.
- eine schwere Zunge haben
im Sprechen unbeholfen sein; leicht betrunken sein:
Sobald er einige Gläser Bier getrunken hat, hat er eine schwere Zunge.
- ich habe das Wort auf der Zunge oder **mir liegt das Wort auf der Zunge**
nahe daran sein, das Wort zu sagen, es aber im Augenblick vergessen haben:
Ich weiß, was du meinst. Ich habe das Wort auf der Zunge, aber es fällt mir im Moment nicht ein.
- sich auf die Zunge beißen
den Wunsch unterdrücken, etwas zu äußern:
Ich war manchmal nahe daran, ihm meine Meinung zu sagen. Aber ich habe mir immer wieder auf die Zunge gebissen.
- das Zünglein an der Waage sein
den Ausschlag geben:
Bei Entscheidungen ist mitunter eine Stimme das Zünglein an der Waage.

®Digitale Buchreihe

herausgegeben von Heinz Griesbach und Gudrun Uhlig

eMail: griesbach@t-online.de **Internet:** http://pub-hrm.at/griesbach.daf
http://www.griesbach-daf.de

Lehrwerke

Deutsch mit Erfolg, Teil 1, Grundstufe (28 054 KB, 152 Seiten)
Deutsch mit Erfolg, Teil 2, für Fortgeschrittene (11 689 KB, 211 Seiten)
Stationen Deutsch Grundstufe I und II (5 868 KB, 112 Seiten) -
Deutsch für japanische Studenten (14 818 KB, 40 Seiten) -
Deutschstunden zum Auffrischen und Vertiefen, Regeln und Testübungen (1694 KB, 112 Seiten)

Grammatiken

Neue deutsche Grammatik (4 237 KB; ca. 244 Buchseiten)
Bauplan Deutsch (884 KB, 277 Seiten)
Wiederholungsgrammatik (233 KB, 52 Seiten)
Deutschstunden zum Auffrischen und Vertiefen (1 673 KB)

Textarbeit und sonstiges

Sprachheft 3; Erweitern Sie Ihren Wortschatz (295 KB, 86 Seiten)
Ernste und heitere Erzählungen - Texte mit Übungen (811 KB, 73 Seiten)

®Hypertext-Books

Deutsch-Kompendium

Band 1 **Grammatik-Übersicht**, Deutsch als Fremdsprache (550 KB)
Band 2 **Grammatiklexikon** (1 963 KB)
Band 3 **Übungspool** (3 233 KB)
Band 4 **Verbtabellen**, Konjugationsformen usw. (667 KB)
Band 5 **Alle starken Verben und ihr Gebrauch** (2 558 KB)
Band 6 **Die schwachen Verben und ihr Gebrauch** (2 577 KB)
Band 8 **Neue Deutsche Grammatik Die Stellungen im Satz** (2 036 KB) -

®Deutsch-Soft

interaktive Lernprogramme

Fremdsprache Deutsch, 5 Programme (2 887 KB) - DM 250.-
Grammatik-Schulung, für Lehrer und Fortgeschrittene (483 KB)
Selbsttest (zur Kontrolle des Kenntnisstands), (338 KB) - DM 30.-
Deutsch mit Erfolg (Erklärungen und interaktive Übungen zum Lehrwerk),